主　审	陈文华　魏国荣
主　编	刘合建
副主编	刘　芸　吴惠静
编　写	刘合建　张树新　王晓东　王　臣　彭光阳　孙丽佳
	吴志义　王国红　陈世动　顾秋燕　鲍　捷　薛　婷
	Kurbanov Bobirbek　孙嘉怡　陈　涛　沈　敏
	菅晓霞　赵昶钦　张舒婷　马迪迪　赵丽婧　朱俞岚
	和　妈　乐乐妈　仓公武　罗书坚　贝贝妈　心　意
	王清江　英国奶爸　陈太衡　蒋　毅　任菲莉
	周誉恒姥姥　董明程　冯尚英　孙伟铭　刘　芸
	代　蕊　尚文静　王丽娜　邹　卓　王　静　马青青
编写秘书	陈敬秋　任孜涵
插　画	陈洁

上海科学技术出版社

图书在版编目（CIP）数据

爱在路上：说出你的故事 / 刘合建主编. -- 上海：上海科学技术出版社，2022.9
　　ISBN 978-7-5478-5832-5

Ⅰ．①爱… Ⅱ．①刘… Ⅲ．①儿童－特殊教育－教育康复 Ⅳ．①G764

中国版本图书馆CIP数据核字(2022)第158619号

爱在路上
——说出你的故事
主编/刘合建

上海世纪出版(集团)有限公司
上海科学技术出版社 出版、发行
(上海市闵行区号景路159弄A座9F-10F)
邮政编码 201101　www.sstp.cn
浙江新华印刷技术有限公司印刷
开本 787×1092　1/16　印张 12.5
字数：150千字
2022年9月第1版　2022年9月第1次印刷
ISBN 978-7-5478-5832-5/R·2580
定价：68.00元

本书如有缺页、错装或坏损等严重质量问题，请向工厂联系调换

目录

序幕

爱在路上，责任在肩上 /003
专家寄语 /005

第一幕 热爱，让我们相遇

一个治疗师的自我修养 /019
从"求道者"向"布道者"靠近 /029
筑梦"圣博" /034
爱在路上，海阔天空 /043
从儿科医生到康复医生，以爱相随 /046
"我们的家园"，十年爱的"家员" /052
不一样的"思奇"成长之路 /056
与"爱在路上"一起成长 /063
快乐午休课，为特殊儿童康复助力 /067
希望需要牺牲的家庭少一些 /072
荷韵街9号，将工业园区变成特教学区 /077
建起"爱在路上"的国际桥梁 /083

第二幕 风雨过后，终见彩虹

康复之路，体验成长，收获友谊	/ 089
姥姥，我会让你笑得更多	/ 092
我有世界上最伟大的爸爸	/ 095
掌心中的太阳，冉冉升起	/ 098
无脑人，眼泪也有翅膀	/ 102

第三幕 宝贝，我们永远在一起

大手牵小手，一起走向阳光未来	/ 109
一路追随"合健"康复	/ 116
近近第一次"站稳脚跟"	/ 121
为梦想而奔跑	/ 125
从新疆到山东的漫漫康复路	/ 131
我的六一，我的宝贝们	/ 135
冠军来得太突然	/ 140
选择坚强因为爱	/ 145
我和"小蜗牛"的故事	/ 150

第四幕 我在路上，携你前行

"浑身乱动"的花花能生活自理了	/ 157
摆脱死神后不说不笑的小智宇	/ 161
源源不断的支持和陪伴	/ 166
他们是患儿，也是老师	/ 170
永远六岁的昆明星宝	/ 174
把爱分享给其他需要的人	/ 180

尾声 并非终曲

"爱在路上"十周年回顾	/ 187
"爱在路上"主题曲	/ 196

序幕

理想之路漫长而曲折、
神圣而光荣。
再小的野花种，
只要精心呵护，
也能开出惊艳的花朵；
再小的理想，
只要不懈追求，
终能闪烁人生的异彩。

爱在路上，责任在肩上

一群从事并热爱儿童康复工作的年轻人，因为有共识，也因为有相同的梦想，创立了"爱在路上"儿童康复教育信息交流平台。在这个平台搭建的舞台上，他们传播康复正能量，分享治疗新技术，并上演了许多故事——这本书，我们听他们和他们的患者讲故事。

这是关于爱和坚持的故事。我们的主人公在漫漫求医路上洒满了泪水和汗水。先天的不足、残障的躯体使他们拥有了与众不同的为"正常生活"而抗争的经历，这反而成为个人、家庭甚至社会宝贵的精神财富，不禁令"正常"的人们感叹、感悟和思索。

这是关于爱和救赎的故事。我们要感谢这些故事。它让我们不再满足于蜗居在狭隘的自我世界一隅，试着超越自己的边界去感受理解他人，让我们具备感知他人痛苦的能力，犹如穿越海关和国境线，通过重重质询跋涉，最终抵达另一个国度。有人说，孩子是上帝派来的天使，但有些孩子是"折翅的天使"，他们命运多舛、历尽苦难却拼尽全力与命运抗争，这里有呐喊、有泪水、有别离，也有相逢与欢声笑语……目睹这种努力与经历，又何尝不是对我们心灵更大的救赎?!

这是关于爱和责任的故事。从这些故事中，我们看到了年轻的儿童康复工作者在激情燃烧的岁月里的努力和付出。有人问，你是一个专家教授，何以与一些名不见经传的"草根"为伍？我想是因为我常常被这些"草根"所感动！另一方面，在医患供需不平衡、很多地方康复治疗不规范的当下，如何为更多的儿童康复事业人搭建更好的交流分享平台，让他们施展才华？

如何为他们创造更好的工作环境和支持条件，让他们实现自我？如何帮助他们更具能力、更加自信地引领患儿家庭走向希望，如何让那些成功的案例激励更多的人发现自己的能力……这些正是我们所处的时代赋予我们的责任！

爱在路上，责任在肩上。愿更多折翅的天使在爱的路上成功飞翔；愿更多的年轻的儿童康复工作者在爱的路上，勇担责任，用热情和实干点燃你们的理想！

陈文华

2022年6月　于上海

专家寄语

爱的路上
放飞梦想

上海交通大学附属第一人民医院康复医学科学科带头人
中国康复医学会康复治疗专业委员会主任委员　陈文华

爱的心语 学住学净土
爱的咸就 永在坚持路上

复旦大学附属华东医院主任医师
国家康复住院医师规范化培训重点专业基地主任　郑洁皎

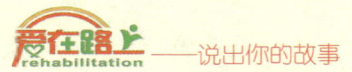——说出你的故事

爱在路上，一路成长！

国际残疾儿童学术联盟教育全球委员会委员
中华康复治疗师协会副会长　魏国荣

爱在路上，

　　康复治疗师的知识源泉，

　　高危新生儿的康复希望！

复旦大学附属儿科医院教授
中国优生优育协会儿童发育委员会副主任委员　邵肖梅

致爱在路上

辛勤耕耘，丰硕成果

未来仍会，在挑战中前行

让爱一直在路上

黑龙江社会康复医院副院长
中国康复医学会儿童康复专业委员会康复治疗学组组长　李海华

专家寄语

致爱在路上，
康复大爱
构建人生样样

中国康复研究中心康复信息研究所所长
世界卫生组织国家分类家族中国合作中心主任　邱卓英　邱卓英

爱在路上
有爱无碍

北京联合大学教授
中国心理卫生协会残疾人分会副会长　刘全礼　刘全礼

愿爱在路上

康复治疗师学术交流金舞台
见证康复爱心传递银教室

广州中医药大学附属南海妇产儿童医院首席专家
中国康复医学会伤残康复专业委员会副主任委员　刘振寰　刘振寰

——说出你的故事

残疾婴幼儿的康复
因"爱在路上"的专业无私关爱
更有成效，生命成长更丰盛，
更有盼望

香港特区复康会副主席
持续照顾委员会主席　郭健勋

有爱在路上
便有幸福在路上
我們不會寂寞

香港特区职业治疗学院会长
香港大埔医院职业治疗部部门经理　黄锦文

存心济世大醫精誠
爱在路上風雨兼程

上海交通大学附属儿童医院康复医学科主任
上海市康复医学会儿童康复专业委员会主任委员　唐亮

专家寄语

致：爱在路上

风雨兼程　撒爱人间

策马扬鞭　一路芬芳

上海交通大学医学院附属上海儿童医学中心教授

上海市残疾人康复协会副会长　沈敏

爱在路上，用心陪伴，风雨兼程，一路芬芳。

昆明医科大学附属儿童医院康复科主任

云南省康复医学会儿童发育与康复专业委员会主任委员　刘芸

致爱在路上：

用爱的初心

构建专业交流平台

照亮孩子努力前行的路

上海中医药大学附属岳阳医院步态分析室主任

美国脑瘫发育医学学会（AACPDM）国际委员　姜淑云

 ——说出你的故事

爱在路上是康复医生和康复治疗师良好的学术交流平台。希望越办越好。

湖北省第三人民医院儿童脑病康复中心主任
湖北残疾人康复协会副会长　梁松

爱的路上，我们一路同行

温州医科大学康复系主任
浙江省康复医学会儿童康复专业委员会主任委员　陈翔

大爱无疆
爱在路上

临沂市人民医院康复医学科主任
山东省医学会物理医学与康复学分会副主任委员　吴东

爱在路上
你我牵手
共护儿童健康

山西医学科学院山西大医院康复医学科主任
山西省医学会物理医学与康复专业委员会主任委员　黎美

专家寄语

这流的平台，集中智慧，爱在路上，一路前行！

赣州市人民医院康复医学科主任
江西省残疾人康复协会会长　邵银进

大爱无疆，爱在路上！

宁波市康复医院儿童康复科主任
宁波市康复医学会儿童康复专业委员会主任委员　谢鸿翔

致 爱在路上

一平爱的平台，今日降生，

儿童康复路上越走越好。

首都医科大学附属北京康复医院首席治疗师
中国康复站起来召集人　马全胜

有爱就有希望

有爱就有活力

愿爱在路上给更多的残障儿童

带来希望和活力！

湖南省儿童医院康复中心主任兼康复一科主任
湖南省残疾人协会小儿脑瘫专业委员会副主任委员　胡继红

 ——说出你的故事

致 爱在路上

生命在路上，

爱亦在路上……

以爱陪伴以生命，不孤独、不寂寞。

真诚祝愿未来路上，有更多爱相随相伴！

青海市红十字医院新月儿童康复中心主任
青海回医药研究会秘书长　谭启龙

看！

一艘充满大爱的"儿康母舰"，载着专家，载着土能男，伴着特殊以上万群体，朝气蓬勃地驶向……

湖南省残疾人康复研究中心康复科主任
湖南省康复医学会康复治疗专业委员会常务理事　廖洪波

只有爱在路上，

孩子才有希望

香港理工大学康复治疗科学系职业治疗学理学士课程主任　郑树基

专家寄语

爱在路上
牵起专业手、串起家庭心，
筑起快乐境。
是个专业回馈社会的最佳写照。

台湾地区罗东圣母医院复健部技术主任
华人肌骨物理治疗协会理事长　黄俊民

致爱在路上：
感谢孩子和其家庭，
让我们有机会成为"专业人员"，
故在"爱在路上"他们至为
贵人，用生命影响生命！

台湾地区发展迟缓儿童早期疗育协会（CAEIP）秘书长　林美瑗

爱在路上：传播康复正能量
引导式教育：蹒跚儿童康复新里程

中国残联社会服务指导中心常务副主任　曹丽敏

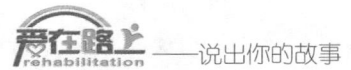——说出你的故事

愿爱的路上充满阳光、鲜花与微笑。

华中科技大学附属同济医院教授　　　　　

中国残疾人康复协会康复治疗专业委员会主任委员　许涛

致"爱在路上"：

爱是儿童健康成长的源泉！愿你们爱的路不断发扬、传递永远走下去！

广州市康复中心科主任　　　　　　

广东省康复医学会副会长兼秘书长　张鹰

爱在路上，厚德尚道。
关爱儿童，惠润未来。

山东大学齐鲁医院康复医学科名誉主任　　　　　　

中国残疾人康复协会山东分会儿童康复分会副主任委员　杨亚丽

专家寄语

《爱在路上》是高危儿通向健康之路。
愿高危儿远离脑瘫、智力低下的阴影，健康成长。

长沙市妇幼保健院主任医师
湖南省儿童综合发展专业委员会技术顾问　谢鹏

爱在路上
早产儿成长路上的守护天使
早期干预者爱心浇灌的摇篮

中国医学科学院北京协和医院儿科主任医师
中国协和医科大学儿科教授　鲍秀兰

不忘初心，
携手前行，
一切为了孩子们！

重庆陆军军医大学新桥医院教授
重庆妇幼学会儿童心理行为发展专业委员会主任委员
重庆康复协会儿童脑损伤专业委员会主任委员　赵聪敏

爱在路上，引领儿童康复进入一片崭新天地。

临沂市残疾人联合会康复部部长　狄焕勇

致爱在路上：
　　爱如芳霖
　　永泽前路

武汉大学人民医院教授、主任医师、硕士生导师　文芳

To love in the road

May be this course was complex but it'll be a good basement for your future work

OVCI国际合作志愿组织-我们的家园
（意大利）北京办事处驻华代表　杜乐梅
Tremolada Celestina

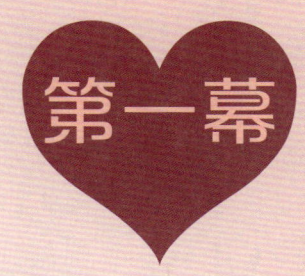

第一幕

热爱，让我们相遇

我们是"爱在路上"召集人，
为了共同的理想相遇在了爱的路上。
再苦再难也要坚持，
只为所有期待眼神。
用我们最勇敢的心和最勤劳的双手，
跨越孩子成长的阻碍，
回到家庭的怀抱。
我们的爱在路上，
陪伴孩子成长。
让孩子拥有芬芳的未来。

一个治疗师的自我修养

作者：刘合建

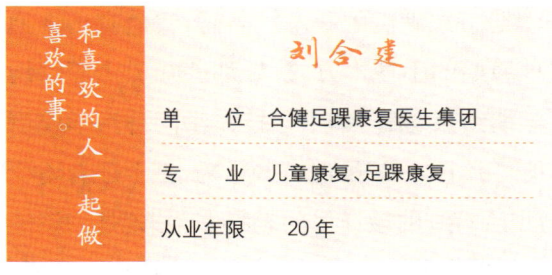

每个人都有人生的节点，每个节点都代表着一段历程的开始或结束。在2006年之前，我是一名默默无闻的一线儿童康复治疗师，鲜有人知；在2006—2015这十年，认识我的人会觉得我是一位在圈内"小有名气"的儿童康复治疗师；而在2015年之后，有更多的各地同行与家长认识我都是因为"爱在路上"，这个平台承载了很多家长对孩子的希望，也承载了很多专业人员对知识的渴望，同时，也在无形中改变了我的人生轨迹。

在我身上有很多标签：治疗师、主任、院长、教授、公益平台召集人、网红治疗师、足踝康复师、康复创业者……但我想说"其实我是一名儿童康复治疗师"，我想与大家分享这二十年来我的康复成长之路，这是一个康复理念"进化"的过程，这是一个治疗师自我建设的过程，这是一个康复价值观修炼的过程。我是中国儿童康复近二十年发展的亲历者，我是中国五万多治疗师中的一员，我是"爱在路上"儿童康复平台的召集人，希望大家从我的人生经历中对治疗师的成长及儿童康复的发展变迁有所启发，我的故事，未完待续……

我是一名治疗师，从事儿童康复和足踝康复工作。

1998年，那个炎热的夏天，说是阴差阳错也好，命中注定也罢，我在对医学一无所知的情况下选择了康复医学专业。那时国内第一版的康复医学教材还没出版，老师上课时，永远都是把讲课内容从黑板的左上角写到黑板的右下角，我们也就跟着抄写，一学期下来满满的一本。当时，我们有诸多抱怨，但现在想起来，就是因为这种原始的手抄本方式，让那些知识点深深地刻在了我的脑海里。直到临近学期结束，来自华中科技大学同济医学院老师所编写的铅印版教材才发到我们手上，"书"虽然有些粗糙，甚至还有不少错别字，但内容却是我到目前为止所看过的最详尽的教科书，"书"是同济的老师根据世界卫生组织（WHO）在中国所办的首批康复班课程汇编而成，"书"里所描述的运动学、关节松动术、肌肉牵拉术、肌力训练、关节活动范围测量和生物力学分析等内容，具体到全身每一个关节，治疗师、患者的标准体位、操作要领、注意事项等细节。那时的实践课测试非常严格，学生随机抽取全身任一部位来检查或治疗，然后现场示范，边做边讲，不合格者就直接挂科。现在想起来，这些基本功实在太重要了，它为后来我从事康复治疗工作打下了扎实的基础。

2001年6月，我来到广州市残疾人康复中心（博爱医院）实习，认识了我的康复启蒙老师——张鹰主任。张主任不仅在康复治疗的理念和方法上给了我很大的启示和教导，而且在为人处世上亦对我严格要求，使我在专业的成长阶段少走了很多弯路。

在实习期间，有两个月的自选安排，我选择了当时康复中心最有影响力的儿童康复，接触到儿童康复最重要的治疗体系之一——引导式教育，引导式教育以全人发展理念，包括九大元素：贯通式专业团队、小组学习、整日流程、规划性的环境、整合课程、习作程序、节律性意向、家长参与、诱发技巧。在康复中心,还结合了"一对一"的运动疗法、言语疗法等项目。

实习结束,2002年初我去了广州慧灵(智障人士服务机构)小学部,开始了上午老师、下午治疗师的工作,负责学校几名有康复需求学生的日常康复训练及带教一门美术课,这短暂的6个多月,却对我以后树立儿童康复"医教结合"的理念有了深远的影响。

在后来的工作中,通过对ICF理念、学前教育硕士专业课程的学习,看着在手上康复的孩子一天一天地长大,我们不得不思考一个问题,特殊儿童需要怎样的教育?在欧美国家实行的是"全纳教育",即所有的儿童,包括特殊儿童都享有平等的受教育的权利,20世纪70至80年代已撤除所有的特殊教育学校,特殊儿童全部与正常儿童一样在普通学校上学。在美国西雅图的Good Samaritan hospital学习期间,我参观了pullyaup的三所学校、一所高中、两所小学,看到每个患儿都在普通学校接受教育。

这些特殊儿童从小与普通儿童在一起接受教育,建立起的自信、开朗、拥有技能以及平等的接纳,使其将来能独立生活、工作。高中还配有职业教育,可在校学习到21岁,小学部有康复护理室,为生活不能自理(中重度障碍)的儿童提供康复支持,一个物理治疗师管辖某一区域学校所有孩子(约40名左右)的康复支持,内容以移动技能、活动参与和辅具适配为主,患儿到7岁后就没有物理治疗目标了,康复的目标是帮助孩子更好地学习各科课程。

我们无法想象,一个海豹综合征孩子的理想是成为一名作家,爱好是画画写作。我们问三名访谈对象,在校期间最大的困扰是什么?他们的回答没有一个是与疾病障碍直接有关。但国内的现状仍是以建立特殊学校为主,这与康复的最终目标——让孩子回归家庭、融入社会是背道而驰的。近年,上海、深圳等城市已开始出台让特殊儿童上普通学校的政策法规,只有这样,医疗康复和教育才能更好地结合。

毕竟是医学院校毕业的学生,怀揣着一份对医院工作的向往,后来,我到了广东省银行医院康复医学科(靳三针博士生基地)工作,基地以广州中医药大学首席教授靳三针创始人靳瑞教授为学科带头人,恰逢科室准备开展儿童康复训练,我参与筹备了儿童康复训练基地并被选为主管,这对于刚工作不久的我是一个极大的考验。我学习了现代康复与中医传统康复的结合,治疗师与康复医生共同制订康复方案,治疗师与PT(物理治疗师)、OT(作业治疗师)、ST(言语治疗师)之间的协作,与患儿家长沟通等系列问题。这些也都是作为一名治疗师,除专业技术之外必须要具备的能力。

以中医为主导的康复模式,这是早期很多康复中心的起步模式,甚至也是现在某些康复机构的主流康复模式。针灸、推拿、穴位注射和药浴是中医康复的主要手段,也有机构在开展小针刀。不可否认,中医中药有其独特的疗效,适当的合理应用能发挥其良好功效。但切勿夸大疗效,神化某些个案,把一些孩子自身发育的结果和综合性康复的疗效美化成中医的神奇效果,这其实是在捧杀中医,也导致了现在部分家长对于中医康复评价的两极分化。当时我负责的儿童康复中心,最初在靳三针的盛名之下现代康复只是一个附属项目,但在日积月累的工作中慢慢得到了家长的认可,这也是家长对现代康复的一种了解和接纳的过程。因此,中医康复是儿童康复中重要的组成部分,中西医结合康复模式更有利于提升儿童康复的效果。近几年,合健足踝惠州中心、运城中心接收了上百位俄罗斯、乌克兰、哈萨克斯坦等国家来康复的特殊儿童,都是因为我们中西医结合的模式慕名而来。

在医院工作期间,我与一名五岁的脑瘫儿童共同生活了两年,家长将小朋友托付给了我,除在机构训练外,下班后我与他一起吃,一起睡,一起玩。现在想起来,这就是"介入式的居家康复",康复训练随时随地在进行,渗透进生活中的方方面面。在回家的路上,我们在路沿上进行"走平衡木"的训练;在过红绿灯时,我们进行步频、步速的步态练习及基于视觉的注意力分配训练;到家进行日常生活活动能力、认知及学习能力训练;24小时的姿势管理等。这让我体会到了家庭康复的重要性,在孩子整个生命周期中,家长与孩子相处的时间是最长的,康复成本也是最低的。治疗师能介入的时间其实有限,因此,让家长更了解孩子、了解疾病,参与到康复治疗的团队中来是非常重要的。

  国际康复理念是以家庭为中心,中国台湾康复专家黄美涓教授2014年在郑州第六届儿童康复会议上讲到"不是家居的康复方案都不是好方案"。全程24小时跟踪一名脑瘫儿童的经历,是我职业生涯的宝贵成长,也让我切身体会到作为一名患儿家长要承受多大的社会压力。医者父母心,作为一名治疗师,我们要经常站在家长的角度来看待孩子的问题和治疗目标,而不是认为家长就是要听医生的。一定要以家长的现实性目标和愿望为依据,与家长共同来制订孩子的治疗目标,这也更有利于家庭康复治疗方案的实施。另外,在康复治疗的同时,还要注意培养孩子健全的人格。当年与我一起住的"小马哥",后来加入了广东省残疾人运动队,获得了2012年全国残运会7公里和15公里自行车铜牌、2015年全国残疾人游泳公开赛金牌。他的这些成绩和运动员的生活经历,不仅让他获得了掌声,最重要的是自我价值的实现。现在,他在家里的工厂工作,通过自己的劳动来获取应得的报酬。他也在积极地准备和康复训练,希望能通过考试获得驾照,有一辆自己的车。

  2003年末,怀着对大上海的向往,我来到了上海的一家社区医院,体会到了上海本土文化和康复治疗与其他地方的差异。当时我以神经发育疗法(NDT)为主的治疗手法与医院普遍使用的上田法治疗体系形成了较大的冲击,在理论体系上,神经发育疗法强调遵循正常儿童发育的规律和Sherrington的等级理论,而上田法认为中枢是末梢的奴隶,在治疗手法和技术上更是大相径庭。刚开始很难兼容,但最终走向了融合,以功能为核心,"不管黑猫白猫,能解决问题的都是好猫"。

  在康复快速发展的今天,各种新的治疗技术层出不穷。如何不受各种技术理念体系的掣肘,又能将其精髓融入治疗中,这对治疗师来说是一个考验。虽说实践是验证真理的唯一标准,但孩子的治疗时机不能延误,孩子也

不是新技术的"试验田",我们学习新技术的成本不能由孩子来承担。因此,我们要以负责任的专业态度及严谨的论证来看待新技术。治疗师不能只是赤手空拳去与疾病战斗,手上要有自己的武器,当然也不能是一个人在战斗,还要有团队的协作。通过参加德国 Bobath 协会、美国 CPN 团队、中国台湾地区肌内效贴协会,学习平衡疗法、澳大利亚郁孟德老师的生物力学分析、意大利 OVCI 杜乐梅老师的辅具适配、WHO-FIC 中心邱卓英教授的 ICF-CY 等的系列培训,再到美国 Good Samaritan Hospital 的 CTU 中心学习后,我从最初的不接纳,认为海外的治疗方法并不一定适合国内的治疗模式,且对自己过往的高强度集中式训练效果盲目自信,到现在开始反思、顿悟,并总结出"慢康复"的理论体系。"慢康复"与后来进入国内的 ABM、新 Bobath、CME、核心稳定性等康复技术有很多异曲同工的地方。

2010 年,我有幸参加在无锡举办、由国际物理医学与康复医学学会(ISPRM)和世界卫生组织 ICF 项目部支持的"首届 ICF 中国康复临床应用高级培训班",更透彻地理解 ICF-CY 中关于发育迟缓、活动限制、参与受限等与环境和个人因素的交互作用。

作为一名治疗师,工作后的前五年是成长最重要的五年,是从"能做"到"会做"再到"做好"的一个过程。把学校和实习单位学习到的知识应用于临床实践中,养成边做治疗边思考,动手、动口、动脑的工作习惯,同时,针对工作中遇到的技术问题,要善于查阅文献,不能只满足于一知半解,要知其然,且知其所以然。除在治疗技术上要精益求精,在科研学术上也要齐头并进,要善于总结,懂得分享。在工作期间,我总策划 Campbell's Physical Therapy for Children(《坎贝尔儿童物理治疗》)中文版的翻译出版工作,参编《软组织贴扎技术临床应用精要》《康复治疗师实训教程—常见疾病篇》《软组织贴扎技术基础与实践》,参译《国际功能、残疾和健康分类》的儿童青少年版、国际中文增补版和《院前急救医学 ABC》《帮孩子超越极限——ABM 神经运动疗法》《神经发育性障碍儿童和青少年:康复效果与生活质量》《脑瘫:从诊断到成年》等著作。同时,承担院级、局级和科委重点攻关等课题 5

项，以第一作者发表核心期刊论文多篇。

2004年，由于各种原因我又回到广州，成立了个人康复工作室，得到了各地家长的大力支持，有一批原来我在上海康复治疗过的孩子从上海、浙江、福建等地跟我到了广州，也有一部分我曾经在广州治疗过的孩子回来。在日复一日的康复治疗中，手上积累了大量的案例，也体会到了"以病人为中心"的重要性，疗效和服务是机构生存和发展的根本。三年的时间，有收获，更多的却是迷惘，有种"读方三年，便谓天下无病可治；及治病三年，乃知天下无方可用"的感觉。

据不完全统计，这种个人康复工作室或3～5人的小微型儿童康复机构在全国有上万家，在很多省会城市儿童医院或大型儿童康复机构周边都有大大小小近百家，甚至形成了康复一条街、康复楼的"盛况"。

这种治疗师个人"工作室"的康复模式，是很多现在已成规模的康复中心和康复医院的前身，也是现在很多大型儿童康复机构或医院周边的现状。对于其合法合理性我不予置评，存在必然有其需求，我想分析一下为什么会出现这种情况，为什么家长愿意自费送孩子到这些看似资质不全、来历不明、设施简陋的工作室去康复呢？可能原因有三：一是家长认为他们是在为自己做，责任心更强，虽然环境差些，但态度好、服务好；二是有些治疗师由于各种原因从原单位离职或为其他家长推荐，与家长和孩子原先已建立信任与感情；三是在医院排队等候太长，医院病人太多项目、安排不全，家长认为医院训练强度不够，需要在外加强训练等。

客观来说，由于个人工作室缺乏诊疗规范和完善的团队，大多都是单一的强化治疗，且专业人员水平参差不齐，有时会因生存压力或同业竞争而口头承诺疗效，而出现治疗偏颇，甚至肌肉拉伤、关节脱位等情况。另外，这种模式也不利于治疗师本人的职业发展。一般情况下，大多数治疗师会处于"闭门造车"的状态，参加行业学术交流和培训的机会较少。此外，家长的信任也无形中转化成一种压力，治疗师需要让家长看到持续的疗效，这样就会追求短期效果而忽视康复整体的考量。随着家长多层次的康复需求和部分

优秀治疗师在康复机构发展的限制,相信这种工作室或小型康复中心会越来越多,相信未来也会更加规范。

2006年,当得知有机会再回上海,到上海市第一人民医院康复医学科开展儿童康复时,我毅然放弃了广州的高收入和社会资源,于同年国庆节加入"上海市一康复"这个全新的平台。在陈文华教授(中国康复医学会康复治疗专业委员会主任委员)的领导下,"市一"儿童康复从无到有,从开创到发展,在宣传推广、诊疗管理、人才建设等方面不断地发展和整合,终于做到小有影响。在"市一"的十年间,我从一个一线治疗师蜕变为一个部门管理者,从每天"一对一"训练十几个孩子到定期为机构一百多个孩子每人制订一个康复方案,从一个人做治疗到带领一个团队工作。

这期间,我学到了很多,包括规范诊疗流程、整合各种治疗体系、康复质量控制、写论文报课题、实习进修生带教和处理医患纠纷等事宜。2019、2021年,我获得了"上海市临床康复优秀学科带头人"荣誉称号。在钻研康复治疗技术之余,还必须学习机构的管理和运营,获得了良好的经济和社会效益,这为我以后的康复医院和科室的运营管理打下了坚实的基础。

随着我国现代化信息技术的快速发展与普及,各个行业领域发展进入网络信息时代,早在2008年起,我就逐渐摸索出了一套脑瘫、自闭症及相关儿童发育障碍病症的医教结合的智慧康复诊疗管理系统,并申报了上海交通大学附属第一人民医院的院级课题。后来系统不断升级,又分别申报了虹口区卫生局课题、上海市残疾人康复科研课题、上海市科委重点攻关课题等项目,并因此获得了2013年上海康复医学科技奖三等奖和上海市康复医学会颁发的"引领专科康复发展先进工作者"表彰。

"互联网+康复"的项目是基于国内儿童康复治疗的现状,承载着"推动智慧康复的发展,改变国内儿童康复现状,降低治疗成本,提高康复疗效"的使命,以跨区域的儿童康复机构为支点,以专家团队为技术保障,以互联网、云技术、远程视频为工具,结合国际康复理念和诊疗指南、专业文献及专家意见等决策支持程序,为康复机构诊疗管理、质量控制提供整体解决方案。尤其是在近三年的疫情防控期间,远程康复指导成为了刚需,线上培训、居家康复成为常态,互联网康复的优势凸现。虽然近年来,我们未曾进行任何推广,但目前国内仍有20余家康复医院(康复中心)将该康复系统应用于诊疗活动。

2019年起,我将工作重心转为足踝康复,以特许连锁的方式在全国建立合健足踝合作中心,具有统一性、标准化的独立品牌和技术体系,预约、服务流程、评估与测评、康复理念、干预手段、器材与耗材供应、人员团队、培训体系、网络社群等同质化的服务及管理系统。每家合作中心为"合健"康复在其所在城市唯一授权机构,代表品牌的服务理念和综合技术水平。至2021年合健足踝全国合作中心已在无锡、惠州、深圳、上海、武汉、长沙、长治、重庆、连云港、沈阳、昆明、临汾、黄冈、咸宁、抚州、合肥、运城、贵阳、南京等20座城市落地。2021年初建立"合健足踝总部服务基地"与"合健康复全国培训中心",集产品研发、培训与管理于一体,以全国跨区域的20个城市的足踝合作中心为辐射,通过合健智慧康复系统对各合作中心进行质量控制与提供技术、产品支持,为全国各地有需求的用户提供专业可及的足踝服务。

合健足踝合作中心掌握24项核心技能和16种常见异常步态的处理策略和方法,定期通过线上和线下的形式对合作中心工作进行培训与质量控制,康复特色和优势包括:战略合作的"动态体态步态分析系统""Compex神经肌肉电刺激仪""组装式定制支具""脊柱3D扫描与矫形器定制"等,从俄罗斯引进的"语言探杆训练器""神经充气衣"等康复设备专利在申请中。已取得及正在申请专利与著作权11项,自主品牌与知识产权的止滑机能鞋、筋膜枪、矫正带已在市场取得良好的反响。

2012年末,为促进儿童康复事业的健康发展,帮助更多的特殊儿童能得到及时有效的康复治疗,我们几个有共同理想的人走到了一起,成立了"爱在路上"公益组织。那时,我们对公益一无所知,仅凭一腔热血向前冲,经历这十年的磨炼、大家共同的努力，现已发展到有10万余人关注，慢慢有了一些经验和体会。康复本身有着公益的先天基因，因为我们的服务对象就是社会的弱势群体，他们不仅在身体上存在障碍，且很多是因病致残，因病致贫，面向特殊人群的工作也是社会服务的重要组成部分。我们都是用自己的业余时间来做公益，"爱在路上"从开始到现在没有一个专职人员。现在，有越来越多的人开始接受和认识到公益不等于免费，如果要把公益持续地做下去的话。我们要去帮助别人，首先得自己能吃饱饭，所以自己本职的工作要做好，公益组织也需要运营，不能是散兵游勇。虽然我们是一个松散型的志愿者组织，但是我们在疫情前坚持每月一城、每城一讲的线下巡回公益讲座，共到过30多个城市；每周一次的线上康复讲座坚持了5年多从未间断。我作为"爱在路上"的召集人，2016年获得了民建市委"上海市社会服务先进个人"等荣誉。

英国的马修·曼宁曾写过一本书《康复是一场旅行》，作者是世界上最富才华的康复医疗专家之一，曾协助爱妻勇敢战胜了癌症。通过与妻子一起抗癌时的所见所闻所感，作者总结了自己从事康复治疗二十多年来的宝贵经验，从心理、情感、治疗、康复等多方面，告诉大家健康与疾病的关系，进一步解析赢得身心灵全面健康所必需的方法，从而及时摆脱疾病和不良心理的困扰，并从中体会到生命与健康的关系，得到人生至高的快乐与幸福。在我们的工作中，看过太多不幸的家庭，也见证过很多成功的案例，我们要把康复当作人生的一场修行，在公益活动中找到内心的平和与安宁。

从1998年到今天，有过伤，有过累，但从不后悔，更多的是快乐。曾经的经历，是人生的一场礼遇。二十年前，康复专业选择了我，二十年后的今天，我将义无反顾投身我热爱的儿童康复事业，作为一名治疗师，为儿童康复贡献自己的力量。我也感恩所有与我一起努力的队友们、康复同仁们，愿康复道路上你我继续并肩同行、携手共进！

从"求道者"向"布道者"靠近

作者：张树新

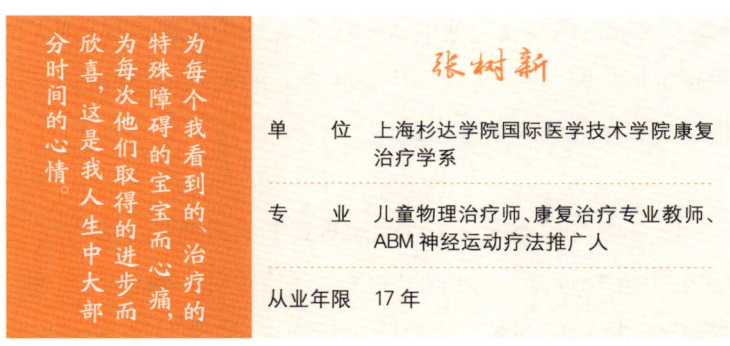

为每个我看到的、治疗的特殊障碍的宝宝而心痛，为每次他们取得的进步而欣喜，这是我人生中大部分时间的心情。

张树新

单　　位　上海杉达学院国际医学技术学院康复治疗学系

专　　业　儿童物理治疗师、康复治疗专业教师、ABM神经运动疗法推广人

从业年限　17年

在"爱在路上"组织成立十周年之际，在一本这样特殊的书中，分享自己的从业心路历程是有些感动的。首先，非常感谢"爱在路上"这个组织的发起人刘合建的邀请。从组织创立到今天，在不同人的眼中"爱在路上"有着不同的呈现和样子，而我本人，作为一个"最亲密的旁观者"，深知在当时的背景和条件下，刘老师的艰难与不易。非常值得庆幸的是，"爱在路上"最初的小伙伴们虽然每个人有着不同的境遇，可是，当我们有难得的机会坐在一起时，话题仍然总集中在如何提高儿童康复的治疗质量，如何做到让孩子更好的话题中。从我个人角度而言，这已属不易。

——说出你的故事

讲自己的故事,一直不知该从何说起。也曾思前想后,毕竟这是一本书,写下的东西会永远留在那里,让无数人去评价,因此颇有顾虑。可是,如果冠冕堂皇或者不痛不痒地写几句,无疑浪费了书所赋予的价值。作为"爱在路上"的一员,如果不把想写的话写出来,那就太不"爱在路上"了,因此,我决定写自己最想写的东西。

每个人的观点都会受到他的认知以及各种价值观、世界观等的局限,因此,首先想提醒大家的是,这里只代表我个人的观点,可能有很多不当、不妥之处,也希望大家能够理解和指正。

从 2005 年 9 月到今天,(不管大家看到书的日期是什么时候),我一直是一名坚持在儿童物理治疗一线的 PT(物理治疗师),对于我来说,治疗已经超越工作和谋生手段,我把它当作一生所探求的"道"。这里用"道"这个词,想表达的意思是"道"不受外境所染,不受外尘所累,而并非强调自己如何将儿童康复升华,"高大上"的付出和贡献,如何在儿童康复工作中卖力。

回顾自己的工作经历,有许多非常珍惜与感恩的人和事。首先是自己在上海新华医院康复医学科工作的十年,让我有机会接触到大量的儿童骨科、神经科以及心脏疾病的患者,同时身边也有师长的督促让自己快速提升。时至今日,这些经历都是我人生宝贵的财富。因为,我们这一代治疗师,从学校、从书本中得到的只是非常有限与初步的概念,所谓的临床技能,全靠自己在临床中摸索。甚至,没有人可以为你指引更好的方向,因为这是一个刚刚发展的专业。时至今日,我想在儿童康复的领域,大部分治疗师们还会遇到相同的问题,因为真正的专业的教育还是太稀缺了。我们甚至读不到一本理念与国际接轨,又非常细致地教你如何为孩子治疗的专业书籍。

非常负责任地告诉大家,在开始从业的十年中,我们就是如此走过来的,甚至每天不知道自己在干什么,为什么要这样治疗孩子？为什么要练习跪走,为什么要让孩子竭尽全力？为什么要不断地翻滚一个3个月大的不会翻身的孩子。所有的治疗,没有系统完整的体系,经不起追问。而这,是我下定决心要出国留学的最大理由,因为,我不能接受自己每天从事的工作和治疗是如此"不堪"。

留学的日子现在想起来是真的美好,我如同一个没有经历过任何专业训练的"外行",开始接受PT系统的培训。这一切,让我"焕然一新",我终于明白PT的"根"是什么,也终于学会PT的"魂"——搞明白患者到底"怎么了",我们为什么要这样治疗,专业的术语叫做:临床思维。而更让我明确的是,在肌骨和心肺康复领域临床思维相对简单,因为很多这领域的疾病比较好研究,知识也非常充足。而在神经康复领域,良好的临床思维非常难以建立,因为相比于研究肌肉和心肺,我们对大脑的研究存在更大的困难,整个神经科学和运动控制领域有很多结果还处于假说、猜测阶段。

简单地说,我们比较容易找到踝关节扭伤或者肩袖损伤患者最佳的康复方法和途径,却很难断定,哪种方法能让一个大脑损伤的患者取得最好康复疗效。而对于儿童,除了上述的问题,由于对孩子发育过程的认识不足,更加增加了治疗难度,我们不完全清楚如何帮助一个大脑与正常孩子有区别的特殊儿童,让他更好地发育和成长。因此读到这里,所有的儿童治疗师和家长们就应该理解,为什么在不同的地方,对孩子的治疗存在如此之大的差别,甚至运用完全相反的理念和手段。

虽然如此,在国外的学习还是让我"通透"了很多很多,起码国外的儿童治疗人员在最基本的理念上体现出来非常高层次的、相对统一的状态。而不像我们现在,一些治疗师还在使用"最原始"的神经发育疗法,严格按照抬头、翻身、坐、爬、站的顺序为孩子进行治疗,甚至对于几岁的孩子在没有跪好之前,不给予站和走的训练。一些治疗师把"感统"当作可以治疗任何疾病的手段,而并未分析这样的感统练习到底如何对孩子的功能产生"益处"。

一些治疗师期望孩子"竭尽全力"地练习肌肉,一些又让孩子不断地玩各种"游戏",完成各种难度不断增加的"任务"。这样的状况,真的让人揪心。相信每个治疗师,都是使用自己认为"最好"的手段在治疗孩子,我们的初心都是非常想让每个宝宝早点康复。可是,由于我们缺乏系统的培训和基本的理念,使得宝宝们似乎在自己唯一一次的生长经历中接受着"五花八门"的"试验"。这是我下决心从一个"求道者",努力向一个"布道者"靠近的最重要的原因。

多年来,在自己的认知范围内,我用各种途径和方法学习和验证各种对孩子康复最好的治疗方案。ABM(神经运动疗法)是我能找到的最佳的治疗。因此,我努力地对此进行推广。ABM 的理念,不仅符合国际上对发育的最新认识,同时也符合目前运动控制和学习领域的相关原则。而此方法本身,又独创性地以大脑分化为原则进行治疗的架构。康复的职业习惯,让我们完全关注于孩子的功能,而忽略了我们可以改变孩子的大脑。ABM 的治疗是如此与众不同,原因在于,它的治疗思路完全不同于"功能康复"。而这项治疗的理念是如此的超前,刚刚接触它的治疗师们是如此之"不解"。

为什么很缓慢的简单的动作可以让一个严重的脑瘫患儿走起来?为什么不让孩子竭尽全力地训练肌肉?为什么 ABM 可以让孩子每天治疗都能看到效果?这不可思议!考虑到我们儿童治疗师系统教育的缺乏,这样的情况似乎是想让我们用着 2G 信号的手机直接进入 5G 时代。可是,随着康复治疗和脑科学的不断发展,我们迟早会进入 5G 时代,我们也为此而努力着。从 2019 年,在中国康复医学会康复治疗专业委员会第十六届年会期间召开 ABM 首次培训班至今,我们已经在全国 11 个省 20 个市举办各类培训班 30 余次,受众学员近 1500 人。同时进行的各类线上培训课程,学习人数近 3 000 人次。

如果您第一次听说 ABM 神经运动疗法,那么我推荐大家尽快去看我翻译的那本书《帮孩子超越极限——ABM 神经运动疗法》,它真的会为您打开通往 5G 的大门。也可以关注我们的公众号"ABM 神经运动疗法中心"或直接登录线上课程中心网站，https：//admin.xiaoe-tech.com/login_page# /wx 了解培训详情。

"路漫漫其修远兮，吾将上下而求索"。求"道"难，布"道"更艰，心静而身往，不负韶华，不论成败，不忘初心，一切只为我们的孩子。

筑梦"圣博"

口述：王晓东

执笔：孙嘉怡

> 一双手改变孩子一辈子，用心就是天使，不用心就是魔鬼！

王晓东

单　位	临沂圣博康复医院
专　业	儿童康复治疗师
从业年限	19 年

2012年春天，一个偶然的机会初遇"爱在路上"，转眼间十年了。依然记得一群来自五湖四海的儿童康复治疗师，在一个小小的房间里，从技术理念到国内现状到未来发展，一直聊到深夜。每一个人都激情满满，时时刻刻都在相互感染着。我们像找到了自己组织一样，不再孤单。"爱在路上"是刘合建老师的提议，他说全国各地像我们一样的治疗师很多，大家应该组织起来，分享专业知识，传播正能量，为中国儿童康复事业出一把力。就这样，我们几个人达成共识，一起做"爱在路上"的召集人，一起做这份有意义的事情。

十年间，无论召集人还是专家以及公益帮忙无私奉献的治疗师，付出了很多心血，我们一起见证了"爱在路上"的发展，随着越来越多的治疗师加入，"爱在路上"成为了中国儿童康复领域的一面旗帜，带动也引领着中国儿童康复事业的发展。那段时间也是我们最快乐的时光，有朋友可以分享，有问题可以一起讨论，有新的理念一起学习，有困难可以一起相互帮衬。"爱在路上"已经铭记于心，希望她可以承载着越来越多年轻治疗师越飞越高，中国儿童康复事业的发展越来越好！

人是只需坚定,这世界对有为者并不默然。

——歌德《浮士德》

这份事业是从什么时候开始的呢？这要从 2003 年说起。2003 年,23 岁的我刚刚大学毕业,还是一个四处寻找工作的漂泊者。在青岛的一辆公交车上,一个电话号码,彻底改变了我的人生轨迹。

那个电话号码到现在还记得很清楚,一直在脑子里,包括当时坐的公交车。那个电话,是青岛脑病康复医院的招聘电话。我大学学的是临床医学,对脑病康复并不了解,但勤奋好学的性格让我决定去试一试。没想到,这一试就是三年。三年时间里,从零学起,从康复诊断到康复手法,一点一点地学,脚踏实地地做,舍得花时间、花力气,又肯吃苦、爱钻研,慢慢在孩子家长中有了很好的口碑,深得医院领导的认可。

我是那种做什么事情就一定要努力做好的人。哪怕是一份简单的工作,只要做了就要尽全力把它做到最好。之所以热爱那份工作,是因为喜欢孩子,喜欢那份因为付出而获得的认同感和价值感。如果能用自己的一双手,让一个失能孩子会站、会走路,能给一个家庭带去希望,是非常有成就感、有价值感的事情。

在青岛的三年,是我与儿童康复事业结缘的三年,也是成长最快的三年。通过自己的努力,成长为一个合格的治疗师。三年之后,因为某些原因,2006 年 5 月,我决定回到家乡临沂,同时也把对康复事业的热爱一起带回了临沂。或许从那时起,那颗康复事业的种子,那份想尽最大努力帮助更多孩子和家庭的决心,早已悄然在心里生根发芽了。走的时候,我对老师说:非常感谢这三年来您对我的教导和帮助,我现在不得已离开,如果有一

天您需要我,我一定在。

带着年轻人的一腔孤勇,又好像因缘际会、命中注定,回到临沂的我就职于一家公立医院的儿童康复科。科里面有两个护士,加上我,一共就三个人。儿童康复在当时还是一个新兴行业,院领导也不是很重视。医院有个政策,临时工干满三年就可以转正。我已经干满一年,而且在医院做得很好,不出意外,再有两年就可以顺利转正。家人都希望我能抓住这个来之不易的机会,毕竟,旱涝保收的"铁饭碗"是很多人的梦想。但我是个骨子里不安分的人,很清楚自己想要什么,我知道,那种条条框框、温水煮青蛙的人生并不适合自己。我要辞职创业,哪怕撞得头破血流,也要孤注一掷去试一试。最终,我瞒着家人,用和女朋友定亲的一万元钱,又向家长借了一万元,义无反顾地踏上了创业之路。

最初创业的五年,我经历了太多的考验。那五年,是黑暗的五年,是不敢谈未来,也没有资格、没有资本谈未来的五年。为了找一个便宜实用的房子,我几乎找遍了市区的每一个角落。第一次租房就遭遇了坑骗,那是个二房东,他收了我一年的房租,却把一个即将到期的房子租给我。因为找不到合适的房子,四年的时间我们搬了三次家。因为地方小,条件差,很多康复老师不愿意去我们那里工作。这些困难,对于一个二十多岁刚刚创业的年轻人来说,已足够艰难,但我不怕。我深知,没有谁能随随便便成功。

可让我万万没想到的是,2008年的那个寒冬,命运却给我开了一个莫大的玩笑。有两个从一开始就跟着我创业的人,也是我最信任最看重的两个朋友,在我回老家举办婚礼的时候离我而去。他们在我的旁边另立门户,甚至要把我那里的孩子也一并带走。都说男儿有泪不轻弹,创业那么久,遇到再大的困难,我都没有哭过,而这一次,我没忍住。我独自一人,站在北方寒风凛冽的大海边,泪如雨下。对我来说,人生最大的痛,不是流血,不是流汗,是流泪。凛冽的海风慢慢吹干了我的眼泪。我站在苍茫的大海边,感觉自己已经一无所有。那个时候,能让我坚持下来的,就是那些孩子,那些家长的信任和追随。我唯一能做的,就是把自己做得足够好,让那些孩子康复得足够好。

多年以后,我已经释然。现在我最想说的应该是感谢把我推入谷底的人,感谢他们的背弃,才让我有了绝地求生的勇气。或许是经历了太多起起伏伏的人生际遇,我反而理解了当初那些离开的人。当初,我提供给他们的只是一份工作,每天就是干活,挣点钱,对未来没有任何发展和规划。跟着我,他们也看不到未来,看不到希望,所以离开也是正常的。反而是那样的一份经历,让我意识到自己的渺小,让我变得更加坚强,让我知道了如何去规划自己的未来。

人生没有白走的路,每一步都算数。回望那些过往的经历,好的坏的都是财富,都变成了身上的骨血,让自己变得更坚实更强壮。歌德在他的著作《浮士德》中写道:人是只需坚定,这世界对有为者并不默然。命运果真如此!2011年,通过几年的积累和打拼,我和我的团队受到罗庄区残联的关注。之后,在残联的帮助下注册完成了"临沂市罗庄区博爱儿童康复中心"。这是创业五年来,我拥有的第一块牌子。挂上牌子的那个夜晚,我心情久久不能平静。所有的付出都值得,命运从来不会,也永远不会,辜负每一个努力奔跑的人。

后来,我想有一家自己的医院。我是那种每完成一个目标,下一个目标就会在脑子里出来的人。没有任何人推着你走,而是你自己的内心催着你往前走。有一次,我去一家医院参观,看见人家医院门口挂了很多牌子,就特别羡慕,就不停地问自己:人家到底是怎么做到的?我会不会有一天也能拥有一家这样的医院?像火苗一样,这样的念头一直烧烧烧,烧到最后就觉得我一定要去做这件事情。

之所以要注册医院,还有另一个原因,就是为了让家长减负,让他们享受医保的政策,这样康复就会花很少的钱。有了目标之后,就要奔着这个方向去努力,首先要解决的就是场地问题。经过考察,我看好了一个地方,比当时我们正在使用的场地足足大出了十倍,一共五层,有五千平方米,但光房租就需要四十万。一开始,我打算只租下一层,最后决定把五层全部租下来。这一决定,遭到了家人的极力反对,妻子认为我疯了。因为当时只有十几个老师,三十几个孩子,租下一层都用不了,为什么要租下五层?换谁都无法理解。我对妻子说,你让我拼一把,能成就成,不成我们再想别的办法。试一把,我不后悔。一句不后悔,看似是给了自己一次机会,实则是斩断了所有的退路。只有无路可退,破釜沉舟,不给自己第二次机会,才能真正做到不后悔。房租不够,我就想办法借。从两个孩子家长那里借了四十万,又在老家借了信贷。装修没有钱,就自己亲自上阵。那一年,我白天上课,晚上装修。有钱了就装,没钱了就停一停。就这样断断续续,装修了整整一年。

那一年对我来说很痛苦,痛苦的是,你抬起一只脚都不知道脚往哪放,你也不知道能不能落地。心里虽然害怕,但更多的还是想去做。虽然不知道能不能成,但还是很想去做,哪怕有很大的代价,我也要去做。2013年的那个春节,当所有人都在辞旧迎新,阖家团圆时,只有我自己知道内心有多么煎熬,多么不安。我担心,年后开班,到底能不能招到需要的员工?到底有多少个孩子会选择我们?但一切又在冥冥之中做好了安排。没想到,2014年过完年一开班,让我特别吃惊,一下子来了那么多人!或许是办公环境和规模提升了,吸引了很多年轻的康复师加入。再加上那几年我们在康复界口碑的积累,很多家长都坚定地选择了我们。

就像做梦一样,就像老天爷给安排好的一样。越努力越幸运,这句话在我身上得到了充分的验证。努力不一定成功,但成功一定离不开努力。场地解决了,接下来注册医院的过程却比我想象的还要艰难。从医生到护士到所有的硬件,从消防到环评到验资,包括所有的东西,都需要我一个人去做准备。两年多的时间里,因为注册医院的事让我常常失眠,白头发就是从那个时候开始长出来的。半夜起来坐在那里就想着所有的事情,那是我创业以来最焦虑的一个阶段。

拨云见日终有时,守得云开见月明。经过两年多的努力,2016年1月15

日,我终于拿到了康复医院的批复。那一刻,所有的努力都有了意义。那一刻,我很想抱一抱自己,抱一抱那个孤注一掷、勇往直前、不知疲惫、全力以赴的自己。午夜梦回,往事一幕幕闪过,恍若隔世,却又历历在目。一路走来,那些辗转难眠,日夜徘徊,山重水复,都化作岁月的礼物,变成今天的勋章,燃起心中的信念之火,照亮人生漫长的路途。

　　成功不是你拥有了多少,而是你帮助了多少人。能够走出临沂,用自己的能力去帮助更多的人,是我一直以来的心愿。早在2012年,我就开始一个人走出去。一个人,背着包,坐火车,上西安,上内蒙古,上甘肃,上新疆,去给那些需要帮助的孩子做免费评估。只有在给孩子做评估的时候,我才能感觉到快乐。一天一个人看三十几个孩子,口干舌燥,很累,但是晚上躺在床上,看到家长发来的那些认同、感谢的信息,那种快乐是很难描述的。后来,随着团队的壮大,我开始成立评估小组,带着更多优秀的老师到全国各地去做评估。截止到目前,已经走过了一百多站,评估了上万个孩子,让无数个家庭在困境中看到了希望。

　　这个公益评估我们做了好多年,也花了很多的钱,花了很多的时间,但是意义非凡。这不是能用多少钱来衡量的,用这种方式,在全中国能为更多的孩子去做指导,这种价值感是很强的。走出去,帮助更多人,也因此让更多人认识了圣博。那两年,圣博团队在裂变,口碑也在裂变。越来越多的家长因为信任而选择了圣博。他们来自全国各地,为了孩子,曾东奔西走,在一次次的希望、失望和绝望中失去信心。直到遇见圣博,重拾信心。直到有一天,看到自己的孩子会站、会走、会叫爸爸妈妈,他们喜极而泣,后悔莫及。后悔那些年走过的弯路,后悔没有早一天选择圣博。但更多的还是庆幸和感恩,感恩圣博让他们看到了奇迹。

　　为了这份信任,我想再圆自己的一个梦。当初,那个五千平方米的地方,无论是上课环境还是各方面条件,都不是我心目中医院的样子,所以我决定再找地方,再搬一次家。这一次,我和妻子商量,要拿出全部的积蓄装

修,要尽全力给孩子和家长提供最好的环境。经过一年多的精心设计装修,临沂圣博康复医院终于在2019年2月盛装呈现,位于临沂市罗庄区湖北路与滨河西路交会处,总面积达12 000平方米,是我心目中康复医院的样子!

在圣博,我有一句名言:一双手改变孩子一辈子!你用心就是天使,不用心就是魔鬼。多年来,我就是用这句话鞭策自己和团队。圣博的老师们,每一节课都是百分之一万的用心,家长们能感受到我们是在用良心做这份工作。我们做的不是产品,不是流水线,我们面对的是一个人,所以我们要懂得感恩、敬畏这份工作,感恩、敬畏家长。如果家长选择你,那是因为你很优秀,请你一定珍惜;如果家长不选择你,那是因为你不够优秀,请你一定努力。我反复强调,康复事业是一个良心活,赚的是一份良心钱。任何一家企业,任何一个医院,不盈利,就无法发工资,不发工资,就留不住人才,也无法很正向地去发展,所以我们要赚钱,但是我们一定要赚良心钱。

社会上也有一些康复医院是免费的,但就是因为免费,康复老师的责任感和学习力就不强,最终导致孩子进步缓慢,甚至会耽误孩子的治疗。因为不赚钱,员工的工资得不到提高,康复环境得不到改善,整个团队就没有激情、没有活力,也没有发展空间,这样对孩子来说反而不是一件好事。一个好的康复团队,要有赚钱的能力,用赚来的钱改善康复环境,让团队有机会走出去学习,学习先进的理念和技术,才能给孩子最正确、最有效的康复治疗。这才是一家康复机构最积极、最正向的发展方式。

说到学习,多年来,我不惜花时间花精力走出去学习,学习国外先进理念和康复手法,然后再进行融合与优化,变成适合自己的东西。除了自己学,我还要求我的团队也要走出去学。学历代表过去,能力代表现在,学习力才代表未来。如果不学习,认知理念的局限就会耽搁孩子的进步,而这些孩子是耽搁不起的。只有不断地学习,才能对得起这份良心活,对得起家长的信任。圣博人对待知识的渴求是发自内心的,有时下了班,天色已完全暗下来,圣博的各个教室却依然灯火通明。各个小组的人聚在一起,分析讨论当天的上课情况,总结经验,吸取教训,寻找突破口……无数个长明的夜晚,激励着圣博人的心,也温暖照亮着那些漂泊在外、远道而来的家长们的心。圣博,是他们最放心的依靠和港湾。

2021年,在圣博的里程碑上注定是不平凡的一年。医院规模不断扩大,各项配套设施不断完善。但场地受限,孩子排队,收治不过来,一直像一座山一样压在我的心上。越来越多的家长希望圣博能开到他们所在的城市,这样他们就不用再抛家舍业,背井离乡。2021年,圣博扬州分院正式成立。这是圣博人走出临沂,走向全国迈出的第一步。这一步,我们用了几年的时间来准备,迈得踏实而坚定。扬州,只是第一站,接下来的五年、十年,圣博人将继续乘风破浪,扬帆远航,去往全国更多的城市。但无论走多远,初心永不变。那就是:让所有遭遇不公平命运,在困境中坚忍的孩子,都能拥有光明的未来。

有人问我:在别人眼中,你现在已经很成功了,为什么还要这么努力?我回答:如果仅仅为了我个人,我完全可以不用再去打拼,但我的身后是无数个需要帮助的家庭,无数个和我一路披荆斩棘的战友。有时候也觉得很辛苦,但是身不由己,要一直往前冲,才能让跟随我的人有希望,这是我义不容辞的责任。

我们现在做的是零到六岁孩子的康复,但是六岁之后,很多孩子是没有出路的。有些孩子现在已经超过六岁了,有可能康复效果也不是很好,但是他也不敢离开我们机构,因为家长觉得离开我们之后连希望都没有了。有些程度很轻的孩子,是可以随班就读的,但绝大多数孩子无法走这条路,怎么办?我一直在想,这些孩子的未来到底是怎样的?所以我就想着把教育这块做起来。

我希望真正做一个符合特殊儿童特质的教育,希望是康复之后的延续。我不想把孩子堆在这,教会你12345,给你吃饱饭,然后看护你,不是这样的。我是想做特殊儿童的教育,而不是完全特殊化的教育。现在很多特殊教育,到了一定的年龄他就不要了,有可能就让你回家了,又成了家庭的负担,到最后就变成了社会的负担。而有些孩子的特质是符合职业培训的,我想通

过特殊职业培训，让他们长大后懂得如何去生存，有生存的价值。

　　有些重度残障的孩子，可能不会走路，肢体不行，但智力又很好，在家里处处需要人照顾，家长就必须有一个人看着他，也没法去工作。家庭条件好的，有可能就找一个保姆，把这个孩子"囚禁"起来了，但这不是孩子需要的。有一个十年前由我做康复的孩子，她有时候给我打视频电话就激动得不行，因为我当时给她带来的快乐，她永远记在脑子里。而这几年她在家里是一个人，唯一接触的就是一个手机。她给我发信息，给我打电话，听听我的声音，就觉得很开心。其实，他们内心是非常渴望能够出去的，针对这样的孩子，我就想做一个托养。这样的话，从康复到教育，到教育之后的职业培训和辅助性就业，包括一些重度残障的孩子的托养，就变成了一种链条。解决不同特质、不同年龄段孩子的需求，解放家长，到最后是解决社会问题，这是我未来想要做的事。

　　当有更多的人能够得到受益的时候，职业才能称之为事业。我现在只是做了一件事而已，圣博还有很长的路要走。我们下一个十年，再见！

爱在路上，海阔天空

作者：王臣

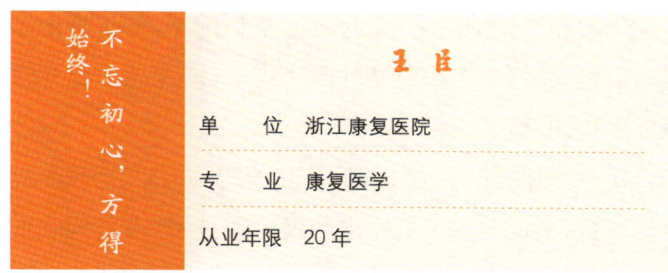

不忘初心，方得始终！

单　　位	浙江康复医院
专　　业	康复医学
从业年限	20年

"不只要有技术，更要有情怀！"

不知道从什么时候开始，这句话已经成了"爱在路上"好友们交流时常挂在嘴边的话。从事儿童康复事业二十余载，一直奔波在康复治疗的一线，却鲜有机会和时间好好回顾我们的"情怀"诞生和坚定的历程，恰逢"爱在路上"平台创建十周年，也是儿童康复行业迅速发展的十年，借此机会聊一聊我与儿童康复和"爱在路上"的缘分。

 ——说出你的故事

21年前,一个从湖北小乡村出来的毛头小伙,只身挎着背包南下求学,爱上Beyond的《海阔天空》,激昂热血,就如同当时的心境,懵懂却充满热情。在深圳市儿童医院实习,那是我第一次接触到"儿童康复",也许是命中注定,2002年结束实习后便到杭州从事起了儿童康复治疗的工作。

国内的现代康复技术起步比发达国家晚,儿童康复更是少有人知,也不受重视。在学习和工作的过程中,时有迷茫和困惑,每每听说脑性瘫痪孩子的家长病急乱投医,损失了钱财又耽误了病情,便深感残障儿童的家庭对专业儿童康复的迫切需求。

2013年,一个偶然的机会,我和三五好友参加了美国中国伙伴联盟(CPN)培训项目,不仅学到了更先进的理念和技术,更发现我们与发达国家之间的差距,当时产生了一个念头,那就是——我们需要有一个可以互相学习交流和分享治疗经验的平台。恰逢得知几个朋友于2012年成立了一个名叫"爱在路上"的交流组织,从QQ群的建立开始,起初十几人的小群日渐壮大,大家轮流排班讲课,互相学习交流,每次听课讲课都有不少的收获,笼罩在儿童康复从业者面前的迷雾似乎开始逐渐散去。

虽然在专业知识和治疗经验上有了一定的积累,但是每当和朋友们聊起儿童康复行业的发展,大家都关注到了一个重要的问题,那就是对于残障儿童家庭而言,闭塞的康复渠道和欠缺的康复常识是阻碍残障儿童得到专业康复的大石头。

随着"爱在路上"平台在康复圈知名度的扩大,越来越多的家长陆续提出,他们非常需要实用的康复宣教和科普,于是我们商量决定将平台受众扩大到普通家长。记得那时候没有现在这样方便的直播平台,YY成了我们公

益讲座的第一个载体,后来到 QQ 群、微信群,然后到现在的"千聊"。一开始家长并不是很多,有时候甚至只有一两个人,其间我们灰心过,想过放弃。但是每当这种时候,总有几个家长在线上等着我们,寻觅我们的帮助。这深深触动了我,但凡有一个家长在听,我们的课就没有白讲!不知不觉,我们的心底已悄然埋下了"使命"的种子。

"爱在路上"从一开始用于同行互助学习,到后来成为被广大家长们需要的公益平台,我知道我们在做一件对的事。线上的课走上正轨,我们在各自的工作岗位上也取得了一些小小的成就,冠上了大大小小的头衔。然而每当和好友相聚,谈起最想做的事,仍然是希望让我们的平台扩大影响,将公益事业做得更到位。几番讨论,我们决定利用自己的业余时间进行全国公益讲座,和需要帮助的残障儿童面对面,了解和解决他们身体的问题,安抚他们心灵的创伤。

2016 年,一月一城的公益讲座正式启动,在疫情到来前,我们已经走过了长沙、临沂、邯郸、南通、乌鲁木齐、青岛、玉林、深圳、赣州、镇江、海口等 30 多个城市,每到一处都有 200~300 人参加。每一次收到家长或者孩子的感谢和肯定,为儿童康复事业奋斗一生的信念便坚定一分!

如今,"爱在路上"早已不只是十年前几个人的小小约定,而是成千上万残障儿童信任和依赖的公益平台,从荆棘小路跌跌撞撞走上繁华大道,前方已是海阔天空。爱在路上,我们一起走下去!

从儿科医生到康复医生,以爱相随

作者:彭光阳

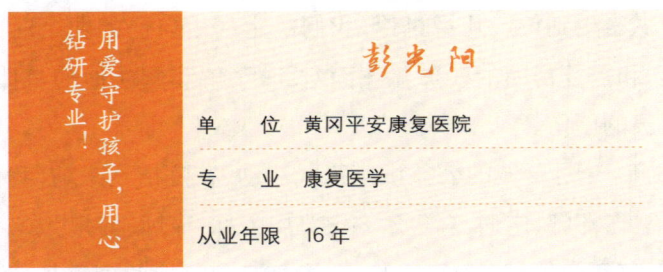

用爱守护孩子,用心钻研专业!

单　　位	黄冈平安康复医院
专　　业	康复医学
从业年限	16 年

　　我是湖北黄冈平安康复医院院长彭光阳,同时也是一名从事儿童康复医学16年的康复医师。在我很小的时候,看着患有小儿麻痹症的父亲坚强行走在务农的路上,用他那残疾的身体为家庭遮风挡雨,我既心酸又庆幸。心酸的是父亲没有一个健康的身体,庆幸的是我遇到一位好父亲,他从不怨天尤人,终日忙忙碌碌,让我们一家生活无忧。当我走进校园读书学习,他更是经常鼓励我要好好读书,学业有成时做一个造福社会的人。也就从那时候起,我立下誓言,以后一定要成为一名医生,为千千万万像父亲这样的好人解除病痛的折磨。

　　后来,我真的成为一名医者,实现了当初的誓言。医者仁心,不管是最开始从事儿科的诊疗,还是后来自己下海创办康复医院,我始终保持一颗善良的心,尽心尽力为"折翼天使"服务,让这些孩子都能享受到人间的美好。

2006年，大学毕业后的我，选择来到黄冈市妇幼保健院做一名儿科医生。每天见证许多新生婴儿的平安出生，这些"小精灵"幸福地依偎在母亲的怀抱，我的心里也洋溢着快乐。毕竟作为一名儿科医生，母子的平安就是我们最大的心愿。

日子在紧张的工作中慢慢度过。2007年3月的一个夜班，我正在值班时，突然值班室里电话铃声响起。"儿科吗？我这里是产房，有一名28周早产儿出生了，有窒息，需要抢救，请你们速来产房参加抢救！"我放下手中的工作，急速跑到产房。只见孩子面色青紫，无呼吸，无心跳，我无暇思考更多，迅速同产房护士一起，投入到新生儿的抢救复苏之中。

通过规范的窒息复苏，孩子终于有了自主呼吸，有了心跳，但是又出现了呼吸呻吟。我当即判断孩子因为早产，肺没有发育好，出现了"新生儿呼吸窘迫综合征"，这是一种死亡率极高的新生儿疾病，需要使用肺泡表面活性物质。药物极其昂贵，因为经济原因，家属没有选择应用。我只好将孩子安排进了NICU病房，进行全面的综合治疗。

凌晨3点多的时候，孩子再次出现呼吸呻吟、呼吸窘迫、血氧饱和度降低的情况，我再次跟家长沟通，但是家属仍然没有选择用药。看着孩子生命垂危，我没有放弃，尝试气管插管、上呼吸机治疗。我告诉家长，我会坚守在NICU，坚守在孩子的身旁同孩子一起渡过难关。

时值三月，我想象当我医治好孩子的病时，外面一定是阳光明媚、花开争艳。我在NICU坚守了三天三夜，困了就眯一小会，醒来就赶快来到孩子身边。苍天有眼！度过了艰难的72小时之后，孩子的生命体征逐步平稳，我的坚守终于有了回报。我哭了，那是我第一次从死神手里夺回一条生命，那

是作为一个医者无比的满足！经过一个月的后期治疗，孩子终于出院了，回到了温暖的家。

半年后，当孩子再次出现在我的眼前时，是爸爸妈妈带孩子来复查。然而，复查的结果让我震惊了，孩子不能独坐，双手握拳，双下肢肌张力高。我当时脑子里有一个不祥的预感，迅速安排孩子做头颅 MRI 等相关检查，最后发现孩子已经是脑性瘫痪了！三天三夜的守候，没有想到这个早产儿居然成了脑瘫儿。当我把检查结果告知孩子父母时，明显看到他们眼神中的痛苦。当时湖北脑瘫儿童的康复治疗，还只有在省城武汉儿童医院、湖北省妇幼保健院这两家三甲医院才可以进行，我们黄冈还没有。

"折翼的天使"难道就这样痛苦一辈子吗？我当夜失眠了，陷入了深深的迷茫。那孩子漂亮可爱的小脸蛋和父母绝望的眼神一次又一次出现在我脑海之中。辗转反侧一夜，我觉得我应该做点什么！第二天，我当即向院长提出建议，要成立康复科室，让这些"折翼天使"能得到及时的康复治疗。院长听了我的汇报之后，当即表示大力支持！通过前期的辛苦准备，2008年10月，黄冈市妇幼保健院正式成立了康复科，这也是该院首次成立的康复科室。我也很荣幸担任首个康复科负责人，成为黄冈地区首个儿童康复人。从此，我从一名儿科医生转为康复医生，专门从事脑瘫等特殊儿童的康复医疗工作。

2012年12月，我做出了平生最大的抉择，从黄冈市妇幼保健院辞职。从编制内辞职，这需要多大的勇气，关键时刻是家人给了我无限的力量，是一心做康复诊疗拯救脑瘫儿健康的神圣使命给了我坚定的勇气。

2013年4月，我创办了黄冈平安儿童康复门诊部。当门诊部的牌匾挂上墙，我知道我的人生已经没有了退路，唯有勇敢向前，追逐自己的梦想，才能攀上人生的巅峰。

做医生难，做一名康复医生更难。门诊部成立初期，并没有多少人认可，他们对我投来怀疑的目光。我并不在意，我知道"真金不怕火炼"的道理，只有做得更好，才能"人心换人心"，才能得到更多人的赞同。

2012年出生的雨涵（化名），曾经给家庭带来无数的欢乐，父母和爷爷奶奶疼爱有加，真的是含在嘴里怕化了、捧在手里怕飞了。然而他两岁时还不会说话，不会走路，焦急的父母赶快带他到医院检查，被诊断为脑性瘫痪。孩子患脑瘫的结果几乎击垮了父母所有的希望，可他们不舍得放弃，四处求医，希望孩子能走路，能开口说话叫一声"爸爸妈妈"，但结果并不理想。

2014年，雨涵被妈妈带着来到我的康复门诊部。当听完孩子妈妈流着眼泪的讲述，我的心也被震撼了，被这位母亲对孩子真诚的爱感动。我立即收留了雨涵，根据他的病情特点制定了详细的诊疗方案，雨涵从此开启了漫长的康复之路。

雨涵刚来门诊部时不会讲话、双手不能抓握物品、不能独坐、不能独站和步行，双下肢肌张力很高，踝关节严重外翻畸形。我经常鼓励他和妈妈不能放弃，要相信我们一定能给他们一个奇迹。在我和我的团队老师们精心治疗下，经过三年的个体化康复治疗，雨涵已经逐渐可以独自站立，可以独自长距离步行。后来，他能够独立上下楼梯，开口与人简短交流。

当雨涵喊出第一声"爸爸妈妈"时，雨涵父母喜极而泣，将孩子紧紧抱在怀里，生怕一不小心他们的宝贝儿子又不能喊爸妈了。目睹了这激动人心的一幕，我背过身子也默默落泪，我以及康复老师们的努力没有白费，我们拯救了一个孩子，拯救了一个家庭。

2014年出生的钦钦（化名），本应该在幼儿园上学，却因听不懂老师的指令、不会正确表达自己的情绪、频繁出现攻击和自伤性行为等问题，反复被多所幼儿园退学。

孩子怎么了？为什么会这样？曾经因为孩子的出生而欢乐的父母陷入了困惑。在钦钦四岁时，他们慕名来找到我，叙说这孩子"调皮"的过往，担心孩子的前途。

我立即安排就诊，经综合临床评估，钦钦被诊断为孤独症谱系障碍，如果不尽快实施早期干预，日后融入主流社会将会很困难。钦钦父母说，把孩子交给我，他们一万个放心。

信任是一种无声的激励,我同样为钦钦制定了详细的康复计划,开始手把手对钦钦进行康复诊疗。在我院坚持三年综合性的康复治疗后,钦钦能够进行日常的交流与对话,能够听从旁人的指令,不再出现攻击性行为,孩子的问题行为有了极大程度的改善,父母对钦钦的康复效果非常满意。

"即使你来自另一个星球,我也要为你找到回家的路。"每个孩子都是祖国的花朵,而我和我的康复老师团队的任务就是尽自己最大努力去扶起这些倒下的小花,给予阳光和养分,保护他们茁壮成长。

创业之路是艰辛的,没有想象中那么美好,早期既要负责日常的康复诊疗工作,也要负责管理、市场、技术的培训等等,甚至还要学习国家的相关法律法规。面对如此繁重的工作,我曾经也想放弃,觉得自己承受不了这么多。然而一次偶然的机会,让我更加坚定信心,坚持儿童康复之路。

记得那是2013年的8月,在上海的一次学术会议上我认识了刘合建老师,上海市第一人民医院康复医学科儿童康复部主管,湖北老乡,80后的精神小伙!也许是同龄人,也许是怀着同样的梦想,我们一起聊当前的儿童康复,一起聊我们理想中的儿童康复,一起探讨人生,一起聊梦想。也是那个时候,他跟我说,我们还有全国其他地方的几个朋友,都是年轻的治疗师,我们都怀着儿童康复的梦想,我们可以一起学习,一起探讨,一起放飞梦想,这就是"爱在路上"!

有了小伙伴们的精神支持,我的儿童康复之路越走越稳,我也更加坚定我当初的选择,为了我心中的理想,我会砥砺前行!

儿童康复的道路任重道远,如何更好地服务于特殊儿童和家庭,达到"康复一人,幸福一家",一直是我在努力的方向。

2016年11月,我把门诊部升级为康复医院,同时在团风县也创办了分院。2021年11月,我又开设了黄冈平安康复医院城东院区,至此形成了三个院区服务于特殊儿童的格局,成为一家集医疗、教学、科研和康复于一体的二级康复专科医院。自2013年开办以来,已康复救助残疾儿童3 000多人次,得到了广大患儿家长的一致赞扬和好评,多次接受各级领导调研和同行参观指导。在临床诊疗过程中,我不仅仅亲自参加临床一线的诊治,同时也非常注重临床经验的积累和总结,带领团队不断进步,不断成长,近五年来,我院参与儿童康复专业著作翻译2部,发明专利1项,在核心期刊发表儿童康复专业论文13篇,其中北大核心期刊5篇,SCI期刊1篇。

孩子康复后的一双双笑眼让我们欣慰,也深知这背后是辛酸、是渴望、是迷茫、是泪水、是坚强。康复之爱,让我始终保持一颗痴心,时时刻刻关注孩子,关注儿童的健康成长,用一世真情呵护这些"折翼天使"。

用爱守护孩子,用心钻研专业,爱在路上!

"我们的家园",十年爱的"家员"

作者:孙丽佳

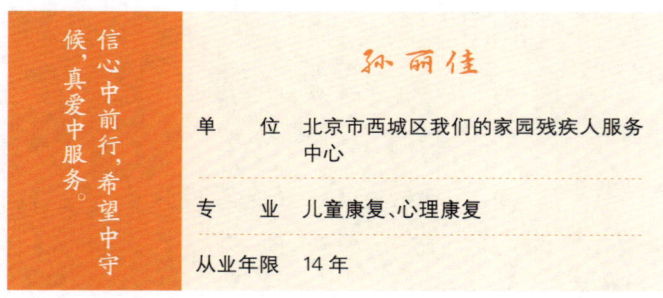

信心中前行,希望中守候,真爱中服务。

孙丽佳

单 位	北京市西城区我们的家园残疾人服务中心
专 业	儿童康复、心理康复
从业年限	14年

2012年,杜乐梅老师和我受好友刘合建老师邀请来到上海参加"爱在路上"的年会。那是一年中众多学术会议中的一场,但也是很特别的一场。当时有很多康复界的前辈们,也有很多年轻人齐聚一堂,大家充满学习的渴望,充满期待,期待为孩子康复做得更多更好,期待和前辈们一样投身到儿童康复事业的建设中。

一晃十年过去了,我们一直在这样的愿景中前行,和一群志同道合的伙伴们一直行走在爱的路上。一次次值班,一场场讲座,一站又一站,被康复前辈带领着、指导着,慢慢地也陪伴更多的孩子、更多个家庭、更多年轻的新同仁们。

恰逢"爱在路上"十周年,应刘合建老师的邀请分享一下自己和机构成长的小故事,以此见证我们的康复事业发展。

"我们的家园",十年爱的"家员"

2008年,随着OVCI(意大利国际合作志愿组织)与北京市西城区残联合作项目的签订,几位年轻的中国人被招进入这个项目,成为"OVCI我们的家园"的员工。那时,我们刚刚走出校门,虽然被称为专业人员,但有的是年轻的激情和青春的无畏,以及对世界的好奇和探索的热情。当然,也缺乏对康复事业的这份认知、对专业技能的把控。于是我们就在Clestina(杜乐梅)老师和Monica(孟彩霞)老师的耐心陪伴下,开始在专业道路上蹒跚学步。

好在老师们从起初就以融入她们骨髓的尊重、平等、博爱……这些用来倡导特殊儿童服务的词汇对待我们,从未嫌弃我们的无知。他们耐心地倾听、教导,想尽一切办法寻找国内外的资源来提升我们的专业能力。

经过几年的努力,2012年的我们对所从事的这份事业已有了深深的认同,尤其一次次在国外看到残疾人事业的发展,看到重度脑瘫儿童在学校无障碍地上学,看到孩子们快乐的康复模式,以及残疾人士完整的就业体系和渠道、漂亮而实用的辅助器具……不由得深思,我们的特殊儿童、成人何时也能这样?一种使命感油然而生!

项目从设计的那一天起,就已经规划到结束的日期。但随着家园整个专业团队的日益发展,我们对这份事业越来越认同,不希望她戛然而止。于是,我们找到了一条有效的保障途径——注册下来,成为法人,持续发展!

世界卫生组织(WHO)出版的《世界残疾报告》及ICF《国际功能、残疾与健康分类标准》中,都共同指出一种新型模式:残疾人的康复服务与社会融合要由不同性质、不同级别的机构分工合作来达成。在该模式中,上述报告特别强调了残疾人社会融合及社会参与的重要性,并且指出了实现该目标需要一个多学科、专业化的中坚力量来提供专业、科学的指导及有效解决

方案。

"我们的家园"正是应此需求而诞生！就这样，以往的服务成果让我们得到了政府、残联各级领导的关怀、支持。在各方协助下，我们成功地于2012年在北京市西城区民政局取得民非注册，继续为残疾人士提供服务。

成长于"OVCI我们的家园"，汲取了家园的精华，感受过家园的文化，认同着家园的理念与专业，为了让家园文化得以传承，我们在征得OVCI同意后，也将我们的名字命名为"我们的家园"，每一位在家园中服务的人员称为"家员"。

我们的愿景：人人可以在快乐中享有高质量的康复服务，每个儿童都在融合教育里平等地成长，每位特殊人士都有适宜的环境使生命绽放，社会无歧视而自然地接纳每个残障人士的状况。

我们的服务宗旨与使命：为特殊人士及其家庭，尤其是特殊儿童，提供专业的教育与康复服务，使其达到最大程度的自理自立能力，藉以提高生活质量，臻至身心康泰。与此同时，与业内同仁取得广泛合作，共同推动康复事业的发展。

自从家园成立以来，像一个小孩一样，各方面的努力成长是我们永恒的主题。学习型社会组织是我们的基本状态。在这几年里，我们有幸主办了数次国际级的学术交流活动，有幸与国内外学术最前沿对话，有幸将国际上的新知识和技术引入中心与国内同仁分享；不仅学习，很多全职家员也去过意大利总部接受实习培训，在实际工作中应用所学，回国后分享给服务对象和业内同仁。

在中心的日积月累工作中，在Celestina老师和Monica老师的长期陪伴中，我们每天成长着，进步着。今天，我们已经服务过数千个案，无数次去过多家福利院，看着孩子点滴的进步，从翻身到爬行，再到颤颤巍巍地站立，蹒跚地走起来，我们与家长、孩子共同欢呼！无法自理的孩子能在辅具协助下自己吃饭；被认为不需要交往的重度脑瘫儿童，能借助计算机辅具敲出生命里的第一个句子——"老师谢谢你让我能说话"；陪着孩子从开始连眼神的交流都没有，到最后为孩子背起书包走向学校；一位等着要钱的成年残疾人士走向工作岗位，用人生第一桶金为我们买来一兜桃子做答谢……我们欣喜着，享受着服务成果带来的满足感！而我们自己也从刚出校门的学生，成长为胜任各自岗位，赢得孩子喜欢、家长信任的合格家员，并且受邀到全国各地为业内同仁分享知识技能……感恩这些年支持、陪伴我们成长的所有人士，我们同时感受到了肩上的使命更重！

路漫漫其修远，我们将坚持在这条充满爱的路上，一如既往地前行。当然，也期待着站在下一个十年的时间点上时，"我们的家园"团队能结出更多的硕果！

不一样的"思奇"成长之路

作者：吴志义

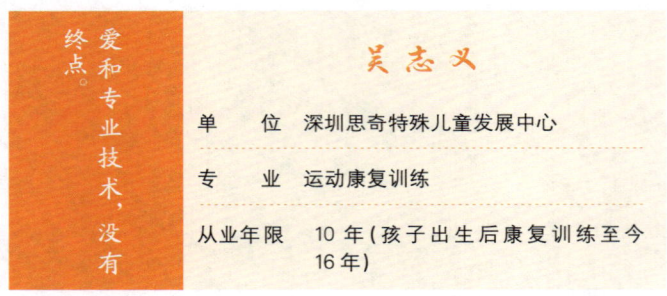

爱和专业技术，没有终点。

吴志义

单　　位	深圳思奇特殊儿童发展中心
专　　业	运动康复训练
从业年限	10 年（孩子出生后康复训练至今16 年）

　　我是一名特殊儿童的父亲，也是一个康复机构的负责人，同时又是"爱在路上"的联合召集人。回想这一路走来，"思奇中心"的发展有大部分和"爱在路上"是叠合的。我和我的团队在成长，"思奇中心"在成长，"爱在路上"平台也在不断与时俱进。这个历程，也是中国儿童康复发展最璀璨的时间段，我很庆幸，能融入其中！

奇奇已经十六岁了。

十六年前,我还过着比较悠闲的生活,结束了漂泊打工的日子,回深圳开了家贸易公司,手上有几个稳定的客户,收入稳定中增长,白天跑完货源就打游戏看股票,晚上喝酒唱歌、结交一些新的客户,生活过得有点简单和丰富。我以为日子会在这样的轨迹中慢慢爬升,过完这平凡的一生。

奇奇的出生改变了这个轨迹的运行。出生第五天,奇奇突发颅内出血,医院也没有及时诊断。孩子昏迷了一个星期后,我们强行转院,才知道已经引起了严重的脑积水。那个星期是我人生中最惊慌无措的时光,从喜悦的巅峰跌入惊恐的谷底,我至今还记得医生告诉我奇奇可能失去抢救价值的那个晚上,哆哆嗦嗦地抽上戒了两年的烟,想着接下来怎么办。

接下来的四个月,奇奇转了两次院,做了三次脑部手术,室管膜感染、右脑穿通,这些听不懂的医学名词让我一阵阵蒙。好在奇奇是个坚强的孩子,在 NICU 住了三个月后,终于活过来了。那个时候,我冒出了一个想法,我要用文字把奇奇的经历记录下来,让以后有这种遭遇的人不要再这么无助。奇奇五个月的时候,我开通了"奇奇小帅哥"的新浪博客,一直写到了现在。

出院时奇奇正好五个月,我们从那个时候开始了康复训练的长征,我深知这是一条开弓没有回头箭的路,奇奇在训练,我也跟着学习康复的相关知识。奇奇三岁的时候,我联合几个家长开展了"牵手彩虹"的家长康复沙龙,定期聚会活动,定期邀请运动言语治疗方面的专家给大家做家庭康复的培训。同时,把新装修的一套房子腾出来做孩子们临时的训练室。两个刚毕业的老师,四个孩子,奇奇训练室就这么起步了,只是那时我绝对没想到后来自己会在康复这个领域这么深入而艰难地走下去。

奇奇四岁的时候,我们的康复沙龙有越来越多的家长参加了,奇奇训练室也搬到了一个三百多平方米的二楼。2009年的夏天,我记忆深刻,因为训练室就是在这个夏天由我们自己装修的。我把家里的几个主要劳动力都动员起来了,砸墙、铺地板、砌砖隔房间、铺电线装水管,家庭装修队居然真的把一个整洁漂亮的训练室给弄出来了。多年以后,每每想起当时每天忙完灰头土脸地回小区,被保安拦住的情景,我都忍不住要自豪。从一开始,奇奇训练室就注定要走一条自力更生的路。

从2008年开始,为了让奇奇有更好的未来,只要听说哪里有好的方法,我都要带着奇奇去尝试。曾经有半年,我们每周带着奇奇去两趟香港,尝试芬兰医生的整骨治疗;也曾经去新加坡待了半个月,只为了尝试传说中的黄勤明的整骨治疗。思奇中心运作以后,我仍然是听说哪里的康复效果好,就想办法去学习,或者邀请这方面的专家来培训。思奇中心发展到现在,我们和老师们掌握的康复技能,大抵都是这么积累起来的。一直以来,我都有一个信念,既然已经踏入这个行业了,就要给奇奇和其他孩子们找到更好的康复方法。我知道这条路没有捷径,但是仍然想在能力许可范围内把能找到学到的最好的东西给他们。

凭着这个信念,十年多的时间,中间经历了许多挫折,我们仍然坚持了下来。中心搬了四次家,花了不少装修的冤枉钱,为此把以前攒下的两套房子卖掉了。这两年房价大涨,家人心里虽有抱怨,却也不敢明着说,她们都知道我是铁了心要把这个事业做下去。2015 年 1 月,我们结束了七年的"黑户生涯",终于正式登记注册了"深圳思奇特殊儿童发展中心";后来,又通过了深圳市残联的定点康复机构评审,一切终于走上了正轨。每每想及从前的坎坷,我都庆幸自己是打不倒的小强,为了许孩子们一个更好的未来,为了让思奇中心真正成为脑伤孩子温暖的家,这个信念一直支撑着我跌倒再爬起来继续前行。

我总偷偷地想,奇奇是带着使命来督促我为特殊孩子这个群体奉献的。万幸的是上天并不总是给我太多的考验,反而一直在仁慈地给我支援,每个阶段都给我从天而降一些贵人,帮我实现那些梦想。感谢不知名的那位妈妈,给我们推荐了杜曼的书,让我走上了为奇奇康复探索的路;感谢我的初中好友,在我还没有一点基础的时候给我们介绍了两个小老师,让奇奇训练室有了最初的开始;感谢董老师,在我满脑子杜曼的时候让我清醒,去思考康复还有更多的选项,我也是从那个时候开始真正了解脑瘫孩子的康复训练;感谢我的好朋友阿峰,为我们带来了智慧有效的神经平衡疗法,我由此开始学习运动康复方法并动手训练,奇奇的大运动也由此揭开新的篇章;感谢台湾的叶老师和重庆向阳的金老师,给我们培训并实践平衡疗法的精髓,让我真正开始走进运动康复训练的大门;感谢"爱在路上"的伙伴们,带着我在康复这个圈子混,让我的世界和视野不断开阔;感谢香港的王春燕老师和台湾的林丽英老师,近六年来每个月来思奇中心评估和讲座,给我们的语言老师打下坚实的基础;感谢天使家园的刘姐和高姐,还有壹基金的诸多朋友,让我领悟到要做好孩子们的康复,不仅仅需要掌握实用的康复技能,还需要关注孩子的家庭;感谢这些年那么信任我的家长们,在我们还很稚嫩的

时候就把孩子交给我们,让我们有时间和机会去学习和摸索;感谢我们的老师和我的家人,一直在支持我前行,一起在打拼,面对诸多困难仍然愿意跟着我,在艰难的道路上累并快乐着。

很庆幸在这条路上我并不孤独,从家长到专业治疗师的身份转变过程中,我结识了"爱在路上"的小伙伴们。2013年苏州学习时,我正式成为了"爱在路上"康复教育公益平台的联合召集人之一,从此开启了更宽广的康复教育学习和传播的道路。

从2008年的家庭训练室算起,到今天思奇特殊儿童发展中心已经奋战了十四年,我们有了两个康复基地,60多名康复老师,形成了运动和言语两大主力团队。我的心终于没有那么焦虑,我可以很自信地面对前来寻求帮助的孩子和家长,对孩子们的发展问题,我们有了自己的思考和解决办法。

2016年10月,我们决定开通思奇中心的公众号,将我们这些年积累的经验向更多的家长推广介绍,让后来的家长不再像我们当初那么迷茫,我期待着在这条路上有更多的同行者一起来帮助我们的孩子。

我要感谢奇奇的到来,是他让我走上了一条让生命更有意义的不一样的路。奇奇一天天地长大,每天看到他,我就不断提醒自己,我更重要的角色是一个脑瘫孩子的家长,无论思奇中心以后发展到什么规模,我都不能忘了这个身份,所做的一切都不能忘了让孩子得到更好的康复服务这个初心。

感谢奇奇小学阶段的班主任李老师,奇奇在花城小学过得很轻松幸福。在李老师的引导下,全班同学都对奇奇很照顾,小学六年一直坐第一排,为的是让他每天进出教室方便。好多次我们来不及去学校接奇奇放学,都是同学们保护着他走出校门的。花城小学也很给力,为思奇中心在全校范围内组织了几次大型的募捐活动,给思奇中心困难的家庭提供直接的帮助。在奇奇良好表现的影响下,学校对特殊孩子的认识有了改观,陆续又有好几个思奇中心的孩子入读花城小学。

现在奇奇已经成了一位初二的学生,思奇中心经历过新冠疫情的洗礼,又上了一个新的台阶。

快一米七、体格雄壮的奇奇,生活中的事情都可以自己完成。生活非常有规律,每天早上六点准时起床,洗漱完就吃饭,七点背上书包去学校,中午再回来。有时自己走路过去,有时我用电动车送过去。晚上回来先弹一会儿钢琴,再写作业。因为脑损伤的缘故,初中的数学对他是个大挑战,但语文还好,可能得益于他平常的阅读量还不错。奇奇很喜欢写日记,每天都喜欢把身边发生的大小事记录下来。

思奇中心也在稳步发展,2021年6月获得了深圳市残联的智力和精神康复定点资质。2018年在龙华中心的楼下,深圳思奇特康诊所注册登记成为医疗机构,同年也获得了深圳市残联的肢体类康复定点机构。至此,思奇中心获得了深圳市残联的肢体、智力、精神三大类康复定点机构资质,拥有100多名康复特教专业人员组成的服务团队,2500多平方米的服务面积,有更好的底气和实力为特殊儿童提供更优质贴心的康复教育服务了。

不断地学习和实践的沉淀,让我们逐渐积累了越来越有实战效果的康复经验,这些年下来,我们举办了不少国际性的康复教育培训班,包括国际

BOBATH 概念培训班，让思奇中心的老师们有机会学习更多先进的技术、与国内同行深入交流。2019年，"爱在路上"的线下公益巡回讲座由思奇中心承办，来自广东省内和附近省市的儿童康复同行100多人参加了这次线下讲座，魏国荣教授、深圳市儿童医院的专家以及"爱在路上"的老伙伴们都在这次讲座上分享了自己的专业实践经验。这是我参与"爱在路上"康复教育公益平台以来最高光的时刻。

虎年春节过后，我们又和深圳一家民营医院达成了合作共建康复科的协议，我一直心心念念的为受训孩子提供住院医保报销的梦想终于成真！

回首这十六年的路，有辛酸，有快乐，有付出，有收获。我们的生活因奇奇而改变，又有很多特殊儿童的家庭因我们而改变。这是一条与众不同的路，思奇伴大家同行。而我们，似乎仍然无法停歇。

与"爱在路上"一起成长

作者：王国红

从容面对，感恩遇见，砥砺前行，携手共创！

王国红

单　　位　长沙市妇幼保健院

专　　业　儿童康复治疗师

从业年限　18年

"跨越孩子成长的阻碍，回到家庭的怀抱，

我们的爱在路上，陪伴孩子成长。

让孩子拥有芬芳的未来，我们一起来面对。

爱给了我们力量，哪怕前方的路有多悲伤，都将携手向前。

再苦再难也要继续，只为孩子希望的明天，成长的路上虽有风雨也绝不放弃……"

每每QQ音乐歌单循环到这一曲歌时，我眼前总会浮现出可爱的孩子们，他们灿烂的笑容、坚毅的目光、天真的童颜；浮现出那些用心、用情、用爱、用尽浑身解数为孩子康复的家长们；记忆便飘回到2015年，飘回那段期待QQ课堂的日子。那时大多数治疗师几乎没有机会出去学习，但"爱在路上"这个公益平台的QQ群里有免费的课程可以学习，授课老师都是国内各大医院的康复医生和康复治疗师。在那个年代，网络并不那么发达，但我自认为很优越，在三甲医院的儿童保健科上班，有强大的医生团队。直到看到"爱在路上"那些那么优秀的治疗师，才知道原来我们可以做到这样，可以对外传播自己的工作经验！于是，我开始大量听课，学习曾经在校时没有认真学习的课程，学习别人的经验，促进自己的成长。

——说出你的故事

在《假如给我三天光明》一书中,作者海伦说:"知识给人以爱,给人以光明,给人以智慧,应该说知识就是幸福,因为有了知识,就是摸到了有史以来人类活动的脉搏,否则就不懂人类生命的音乐!"努力求取知识的目的在于为社会人类贡献一点力量,我要为天使们的康复之路铺垫上自己的青春之石、最先进的理论之石、最实用的康复技术之石。

七八年前说起我的职业,没接触过康复的朋友可能不太了解。今天,医学院校康复专业兴起,康复被越来越多的人所了解和重视,受益者越来越多。一般在医院,大多数人会将穿着白大褂的称为医生或是大夫。我的职业——康复治疗师,一名儿童康复治疗师,在医院尤其在孩子和家长面前,无一例外地被称为老师。医生的大爱无疆,与教师的诲人不倦,让我把这种称谓当作是一种认可,一种殊荣,更是一种期待。

在这个特殊的岗位上,我们康复治疗师有着特别的历程和幸福感。这种特别的幸福感,来自被特殊儿童和家长迫切需要,陪伴孩子们一起成长,成为家长的精神支柱,来自我们工作在一个充满了人文关怀和人性光辉的环境里。遇到焦虑的家长,时常可以陪他们彻夜畅聊,聊康复的发展前景,用以往的正面、反面的例子做心理疏导,调剂家庭关系。他们听进去了、信服了、照做了,他们和孩子一起成长了、蜕变了,我们所付出的一切都值了。

2015年12月的那个冬天,我被那张培训班海报所吸引。哦!全是和治疗理论和操作相关的课程,似乎就是为治疗师定做的。特别感谢钱红艳主任、感谢医院的大力支持,我有幸去参加了。寒冷的冬天飘着细雨,我心中似有一团火,只身来到上海,参加"爱在路上"线下近三百人的学习班。一群

有志、有情、有爱的青年一直在为自身的提高而努力着，他们都处在相对发达的城市——上海、深圳、北京、广州等，他们经常一起参加国内顶尖的学习班，相互讨论，互相学习。全国的治疗师团队，现场聆听往日在QQ上熟悉的声音，亲眼见识现场手法演示操作，治疗师分享自主创业的经历，家长分享家庭康复的历程……我马上有一种找到组织的感觉，心情激动得难以平复。

当得知可以申请承办"爱在路上"线下巡回讲座时，我通过积极的申请和多方的协调，得到了钱主任和医院的大力支持。经过两周的筹备，"爱在路上"全国儿童康复巡回公益讲座（湖南站）在长沙市妇幼保健院召开。讲座历时两天，来自香港、台湾、山东、山西、云南、河北、湖北、江西、广西、湖南各地以及澳大利亚的学员190余人参加了本次现场培训。为了能使更多的儿科、儿童保健科及儿童康复界同仁及时分享到培训的精彩内容，我们将培训班的授课和现场操作演示全过程进行了同步网络直播，受到了同行们的高度赞扬。

"爱在路上"全国儿童康复巡回公益讲座，每月一讲，每讲一城，基本都是在周末，且都是免费的。从那时候起，我们有很多治疗师便跟着"爱在路上"全国跑，场场爆满，理论、实操、工作坊、专题讲座等，形式丰富多彩。公益课程让诸多的学生、家长、治疗师、相关的从业人员受益，只要你愿意学，报名就来，课程安排也非常紧凑。日积月累，我开始从一名听众成为一名讲者。

这是一件多么有意义的公益事业，2017年我申请加入"爱在路上"志愿者，做一些会前准备、收集和统计工作。有付出就会有回报，2018年，我有幸成为"爱在路上"联合召集人中的一员。直到2019年底，新型冠状病毒袭来，我们才被迫停止线下课程，但是线上每周四晚八点的课一直未改变过。大概我想做的事，就是帮助需要的人伸手去触碰梦想。我的力量很小，但我们的圈子越来越大。实现自己的价值就是不断精进自己的过程，享受帮助别人的快乐。

"爱在路上"十周年了，一路上遇到了很多人。有的人一心踏踏实实做治疗,每一条理论、每一个动作、每一种机制都研究得很透彻,每次和这样的人交流都有"听君一席话,胜读十年书"的感觉。大家的梦想不同,因此有的人奔走于各个会场,去交流、讲课,为了发展这个学科,为了让更多的人认识康复、理解康复;有的人平日里工作很忙,但还是利用周末的时间去写科普文章、做义诊、做宣传工作;有的人把自己几十年的经验写成了书,编成了课,做培训、做推广;有的人当了副主任、副教授,抓技术、做科研等,来提高社会效益;有的人成了科里的主任,积极为康复患者争取利益、惠民政策、医保政策、民生项目等;有的人出国学习新的技术,回来造福更多的患者;有的人为科室里争取更多的项目,和其他科室的人通力合作;有的人在国外学习工作多年,依然回到祖国,抱着发展中国康复事业的信念,去实现自己的康复理想……

作为一名康复治疗师,我有这样的一个梦想,就是让所有人都了解康复、正确认识康复、重视康复。自1996年世界物理治疗联盟(WCPT)决定将每年的9月8日定为世界物理治疗日,我们就有了自己的节日。我们不一样,其实也一样,有时不被理解,不被仰望,但我们明白肩上神圣使命,学会担当,依然脚踏实地地点亮希望之光。从业十八年了,十八年,漫长而久远;十八年,弹指一挥间;仿佛十八年的故事也不过一个瞬间,这一路有太多太多美好的回忆,有成长的足迹,有迷茫的彷徨,有奋斗的青春,有未来的希冀。

如冰心所说:爱在左,同情在右,走在生命的两旁,随时播种,随时开花。将这一径长途,点缀得花香弥漫,使穿枝拂叶的行人踏着荆棘,不觉得痛苦。有泪可落,却不悲凉。让我们一起携手共进,遇见可依靠的人,遇见可相互帮助的人,遇见同路人,遇见美好。愿爱在路上,永远都在路上,在儿童的康复之路上,在爱的路上,成就你我他。

快乐午休课,为特殊儿童康复助力

作者:陈世动
审校:吴惠静

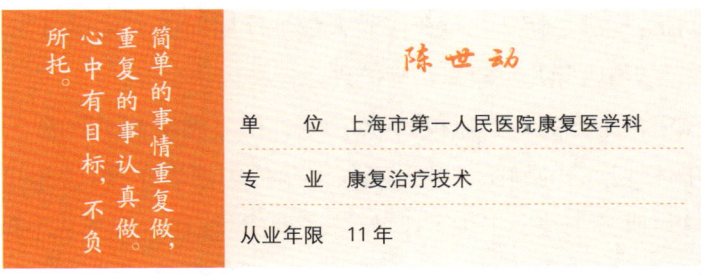

简单的事情重复做,重复的事认真做。心中有目标,不负所托。

陈世动

单　　位　上海市第一人民医院康复医学科
专　　业　康复治疗技术
从业年限　11年

又是一个快乐的星期五,午餐时间刚过,上海市第一人民医院康复医学科儿童康复中心里已经热闹了起来。一位志愿者老师正向席地而坐的孩子们讲解日常食物营养常识,另外还有两位志愿者在一旁辅助孩子们参与学习活动。家长们在一旁注视着自己的孩子,不时与身边的人聊上几句。乍看起来,这里更像是幼儿园,除了一点:在这里"听课"的孩子们都是有着特殊需求的儿童。这就是我们的特色项目:"快乐午休课"。

"快乐午休课"始于2011年,是以医院门办、党办和群工处等职能部门践行的"我为人民群众办实事"为依托,与上海国际志愿者团队共同创办,至今已延续十余年。志愿者们十年如一日地陪伴着孩子们成长,用自带的故事书、画册和小玩具,设计简单易学的小课程,教孩子们认字识数,一起动手画画涂色,为孩子们辛苦的康复训练增添欢乐。这些美好时光成为特殊儿童的美好回忆,能满足特殊儿童在接受大量治疗同时的文化学习需求,实现身心全面康复,与国际儿童康复治疗的理念保持同步。

为孩子们上课的殷老师和Phoebe老师便是志愿者团队的一员,也是每期快乐午休课活动的领队。"我做了很多年的志愿者工作,快乐午休课开展至今在这里服务十一个年头了,陪伴孩子们成长,其中有些从小孩现在比我的个子还要高",殷老师和Phoebe老师激动地回忆着过往:"每次走进这里,孩子们就主动走过来拥抱我,这是任何赚大钱的工作无法得到的满足感。我看着这些孩子开始连笔都握不住,到后来能够给绘画涂色,这些点滴进步就是我一直坚持做这份志愿者工作的动力,相信我还会继续坚持下去"。

一直坚持下去的还有治疗师及家长们,据医院康复医学科余波主任介绍,特殊儿童的康复治疗周期特别长,治疗师、家长对康复持续的热情以及对孩子的鼓励至关重要,需要在医疗康复的基础上进行早期康复干预及全生命周期管理。在不同时期选择不同康复策略,让每个特殊儿童都能在合理时期得到有效治疗,同时也需要社会各界的广泛关注和支持,尽可能为其将来参与社会、回归社会创造有利条件。

今天的快乐午休课较平时大为不同,这是春节假期之后第一次课,也是在开学季迎来的第一课。我们特地邀请了从康复中心成功走出去的康复之星——小懿（化名），她也是我们快乐午休课的忠实粉丝。这次她给我们带来了期末被评选为优秀作文的《我的新校园，真棒！》，希望通过自身的故事激励更多有着同样经历的儿童，保持积极向上、阳光开朗的生活态度，去赢得属于自己的人生，获得属于自己的舞台，并展示自己。生活报我以痛之吻，我报生活以歌。

一个成功的康复案例，背后肯定有一位坚强而伟大的家长。

小懿是杨女士的孩子，今年十三岁，因出生缺氧导致脑性瘫痪，CMFCS（脑瘫儿童粗大运动功能分级系统）：Ⅳ级，病情严重，以运动功能障碍为主要表现，智力发育与同龄儿童相近。从出生后七个月时开始，小懿坚持康复至今，已有十余年，仍无法站立行走，行动能力上的不足是参与集体学习生活的阻碍。不过家长始终坚持不放弃，为解决行动不便问题，杨女士毅然放弃工作，整日陪读于学校，所做的一切只为让孩子将来能拥有属于自己的舞台，更好地走向社会。

小懿回忆，刚到学校的那段时光，同学们总是会觉得她很奇怪，怎么要妈妈陪读，怎么不会走路……为了保持现有功能，上学同时还要参与康复治

疗，老师起初怀疑她是否能跟上课程进度。很快一学期过去了，小懿克服种种困难，自强不息、刻苦学习的精神很快得到全校师生的高度认可，多次被评选为优秀学生。时光飞逝，小懿现在已是一名初中生，期待在未来有更好的成绩，拥有更宽广的舞台。

介绍完小懿的康复经历，午休课接近尾声，孩子们跟着各自的责任治疗师开始各项康复，家长们则来到办公区域参与由医院门办、党办、群工处等职能部门牵头组织的心理关爱小组，共同分享养育特殊儿童的艰辛和经验。大家纷纷表示，小懿从功能康复角度看不是成功的，但从社会参与层面来讲她已经成功走出第一步。要知道康复不是目的而是过程，回归社会参与集体生活才是最终目的。小懿的成功康复之路，对于所有人来讲都是非常宝贵的经验，是我们共同学习和借鉴的案例，激励着更多特殊需求儿童康复走向成功。

"特殊需求儿童的养育是一件非常辛苦的事情，家长的压力非常大，常常会伴随着负面情绪。这种压力和情绪都会传导给患儿，对孩子的康复产生不良影响"。市一医院门办主任吴处这样说："我们在帮助患儿康复的同时，也要关注家长们的心理健康。"

特殊儿童的症状表现形形色色，各不相同，有的脑瘫儿童不伴有智力障碍，但行动能力的不足，让他们看起来和其他的孩子有些不一样，很多时候无法正常参与学习和集体生活；也有孤独症儿童，性格内向，行为刻板，兴趣单一，常常不被大众接受，而被排斥在群体之外……特殊儿童的康复，需要社会方方面面的努力，不仅仅是从医疗的角度，还要从这些儿童和家庭的实际需要出发，整合社会的资源，让他们拥有属于自己的舞台。

儿童康复看起来是那么简单而又很复杂，作为一名从事儿童康复已有十余年的治疗师，我非常有幸经历了国内儿童康复飞速发展期的十年。回想刚参加工作时的迷茫，我国儿童康复较欧美等发达国家起步较晚，尚未形成统一和规范的操作准则，致使患儿无法在合理时间得到合理治疗。很多家庭对康复技术缺乏辨别能力，只要听到能"治愈"的宣传广告，不管是否合理，总是会义无反顾地执行，盲目地进行各项治疗，结果往往是白吃苦头且容易上当受骗。种种儿童康复中所遇到的乱象，因其神奇的治疗效果宣传而屡见不鲜，有些看后堪称"虐童式"治疗，简直是让人触目惊心。

　　随着国内儿童康复事业的快速发展，"爱在路上"儿童康复教育平台随之孕育而生，成为儿童康复和教育从业人员的学习交流平台。我荣幸地作为"爱在路上"联合召集人及志愿者参与其中，之后不断交流学习并成长。正如"爱在路上"所秉承的服务理念——"传播康复正能量，分享治疗新技术"，至今已然成为治疗师汲取知识的源泉，儿童康复路上最明亮的灯塔，更加增进儿童康复医生、治疗师、特教老师及家长的交流学习，促进爱心事业的发展。作为"爱在路上"的联合召集人和志愿者，我希望能继续把这简单又重复的工作坚持做下去，重复做的事认真做，不负所托，不负众望。

希望需要牺牲的家庭少一些

作者：顾秋燕

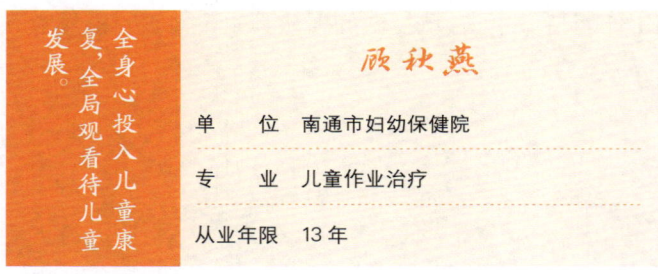

全身心投入儿童康复，全局观看待儿童发展。

顾秋燕

单　　位　南通市妇幼保健院

专　　业　儿童作业治疗

从业年限　13 年

现代医疗技术一直在不断发展，高危儿的存活率越来越高，儿童康复这个词也逐渐热门。它不再是传统观念里只能单纯针对脑瘫的治疗，事实上，现今儿童康复包含了专业的各项评估和治疗，PT、OT、ST、理疗、心理疗法、中国传统疗法等。越来越多的家长在孩子早期体检发现一些小问题时，就选择来儿童康复科做准确评估，发现问题，早期干预。作为一个在妇幼保健院工作的儿童康复治疗师，我对这些微妙形势变化的感受就更加直接了。

那么康复现在发展如何呢？我们又是怎么聚集起来为中国的儿童康复贡献一点小的力量呢？我非常荣幸能在这里分享我们的有趣故事，写下我对儿童康复事业的理解，浅谈我对"爱在路上"这个公益组织的感悟。

希望需要牺牲的家庭少一些

说起来很有意思,那是一个风和日丽的下午,我坐在教室里,德国的老教授晃悠着脑袋在台上一页页翻着PPT,电脑出现了一点小问题,她正在寻找那个Bobath的短视频。下面的同学来自五湖四海,等得有些无聊,大家轻声交流起来。我前面坐着的那个斯文男生笑得很腼腆,和他邻座的帅哥谈起他们正准备做一个关于中国儿童的专业的康复公益活动。"士不可以不弘毅,任重而道远,我想有些事总要有人去做,我愿意做抛砖引玉的那个人",那时候我还在上海工作,周边很多儿童康复大咖们常侃侃而谈,猛然听见这样一句论语,仿佛被击中内心,又仿佛被他腼腆却胸怀大志的反差萌感动。天知道我对儿童公益有多少情怀,我太想去帮助那些没有机会得到康复训练的儿童迈出第一步!刹那间我没有经过任何思考就掏出了手机,打开QQ,询问能否加个QQ(现在想想说不定当时他以为我在搭讪),我想和他们一起,行善举,为儿童公益往前迈出一小步作出一点努力。

很快,我们就聚集了一小波康复的有志青年,一开始是做线上,后来逐渐发展到线下,到各地去开讲座做义诊。到现在,"爱在路上"已经成为一个开放性的儿童康复教育信息共享平台,致力于为特殊儿童家庭提供"一站式"的康复服务,为儿童康复治疗师提供专业的线上交流平台。我们的队伍也从单纯的康复治疗师转变成由康复医生、治疗师、特教老师、家长和社工等各类相关人员组成。我由衷地为自己而高兴,只要迈出第一步,量变总会引起质变!我有幸成为其中最早期的一员,不仅见证开端创始,更见证了之后的每一次创新,每一次进步。我真的感到既荣幸又骄傲,真的感谢大家,正因为有了无条件付出、免费提供康复素材和教育的你们,才筑建了中国儿童康复公益事业能够不断前进、不断强大的荣光。

——说出你的故事

乘风好去,长空万里。是"爱在路上"给了我们机会去接触这种形式的公益,让我们有机会能借助一个平台传播自己的教育理念,让大家凝聚在一起,交流自己的康复经验,分享自己的义诊和工作理念。我们的资源也得以互换共享,以前我们是各大医院、各大康复中心或者各个学校里的同侪,现在我们因"爱在路上"成为最亲近的伙伴,成为努力为中国儿童康复公益事业付出的同路人!能一直在儿童康复学习的路上找到志同道合的好友,我认为真乃人间幸事。

惟其艰难,方显勇毅。做任何事都不可能一帆风顺,一开始自然也有很多困难,我记得早期的线上活动一直宣传不出去,基本都是些有康复经验的家长们会偶尔来观看。老师备课良久,做了很多笔记,但因为受众人群少而影响力不大。但最终大家还是坚持了下来,我们只有一个信念,只要有一个家长、一个家庭在观看在学习,我们的努力就都没有白费,一切都是值得的。

写到这里,想到我前期参加了很多次义诊,有一些孩子也让我印象深刻。心儿(化名)是个很可爱的小姑娘,爸妈是上学时候认识的,妈妈上大学的时候为了生她而辍学,但是由于多处奔波导致早产,父亲也离他们而去。小姑娘的认知还不错,能清楚地表达自己的想法,会语速很慢地和你聊天。"姐姐,我这周日要过生日哦,你要不要到我家跟我和妈妈一起吃饭?"我笑着看她,觉得女孩子真的是甜甜的,温暖到心里去了。我手里正在给她做牵拉,她的肌张力实在是太高,又很久或者是从来没有接触过牵拉,也许有点疼,她的小脸团在一起。我瞥到,她的母亲在旁边偷偷擦眼泪,我眼睛不由自主地有点酸。她知道自己生了病,父亲也离开了,却能敞开心扉和我们聊天,邀请我们参加她的生日。生日那天,我因为出外地义诊并没去,送了一份蛋糕聊表心意,并写了一封信,告诉她我很喜欢她,特别遗憾没有参加她的生日,希望她每天开心,最重要的是要经常亲亲妈妈。我想即便我不说,她也能这样做,毕竟心儿就是这样善解人意又温暖别人的小女孩啊(写到这里眼睛更酸了)!

另外一个小朋友是晴晴(化名),很励志的一个家庭。父母在知道孩子脑出血，需要长期康复之后，俩人一合计，爸爸继续上班赚钱，妈妈毅然从国企单位辞职，每天往返各种康复机构，与此同时在家自己教运动和语文数学。才五岁的小女孩已经学会数独，二十以内加减法。原本晴晴左肩后撤，无法站稳二十秒，由于腭裂，发音也很不清楚。但是妈妈三年如一日地训练，每天排课排得满满的，康复机构或者医院没有排课就回家训练。到现在，晴晴已经可以稳步独走，左手可以稳稳地捏住细小的黄豆。这样的家庭是晴晴的后盾，我佩服她父亲努力赚钱，回家还煮饭扫地，给予了这个小家庭男人的责任担当；更令人欣慰的是他还有许多男人没有的温情，能够在外打拼的同时挤出时间照顾自己的妻子女儿；我也佩服这个母亲，将自己的事业停下，安心照顾自己的女儿，将女儿教养得这样好，连一些健康的小孩子也没有晴晴这样优秀。这个母亲太成功了，当然我并不是呼吁所有母亲都需要这样牺牲，我更希望中国这样的孩子少一些，这样需要牺牲的家庭少一些。

　　这就是我加入"爱在路上"的初衷，我也许不能给小孩子做到完全康复，但是我能更深入地了解工作之外的孩子和他们的家庭情况。我可以根据自己现有的知识，帮助他们更多地了解康复，让需要康复的儿童家属们能够多接触多学习，甚至能像晴晴妈妈一样将医院或者康复中心训练结合家庭康复。我希望，自己能更好地把握孩子们的康复教育，给一些从来没接触过康复，正处在痛苦中无法自拔的家庭带去一点希望。我希望，家长们不用两眼一抹黑，完全不知道如何治疗。只要能让孩子们进步一点，哪怕只有一点点，这也是我能点亮的一点微光。只要我们始终"爱在路上"，只要我们凝聚的力量再多一点，我坚信星星之火可以燎原。

　　高山仰止，景行行止。虽不能至，心向往之。虽然我现在已经主攻临床，更多的是在医院为前来评估的儿童进行治疗，不再像之前那样有非常多的时间去讲课或者到各地去做义诊，但是我心中一直为"爱在路上"感动。自己的康复生涯也深受其影响，从上海到香港到南道再到香港，从成人到儿童，从一个普普通通的康复治疗师到江苏省康复医学会作业治疗专业委员

——说出你的故事

会委员,我一直工作一直学习,一直"爱在路上"。既然一直心存温暖,敢于支持内心的想法,那就去做吧!为信仰付出努力,为工作奉献热情,让自己描绘的蓝图成为现实!

荷韵街9号，将工业园区变成特教学区

作者：薛婷
审校：鲍捷

从事儿童康复有挑战，但只要投入全部，一丝不苟，就能感受到孩子们成长发育进步的乐趣，这也是促使我不断努力的动力！

薛婷

单　位	苏州大学运动康复研究中心
专　业	运动康复
从业年限	18年

"爱在路上"十周年，昨日种种还在恍惚之中。12年前，也就是2010年初，我在苏州与刘合建老师认识了。彼时我们还年轻，有相同的梦想，相同的工作方向。2015年"爱在路上"首次线下年会，我第一次受邀到年会中讲授矫形鞋垫的理论与实践。当时也热切感受到儿童康复大家庭的团结和正能量，为我后来坚持不再考医师资格证书，而是做一名纯粹的治疗师种下心灵的种子。

我从2004年工作开始，踏上了儿童康复这一步，就一直坚持着公益之心。十几年来，我们培养了很多从事特殊教育及儿童康复的本科生和研究生，也获得很多诸如"苏州市爱心人士""苏州工业园区十佳道德模范"等嘉奖。

未来，我还是会和"爱在路上"在一起，一如既往去支持这个平台，培养更多的学生，帮助更多的孩子，让更多的家庭获得更好的生活质量。祝我们一起经历的十年及未来，越来越好！

荷韵街,位于苏州工业园区斜塘街道。虽处于闹市,但由于道路不到千米,出行的大多是街道两边小区居民,热闹却也幽静。而荷韵街9号,却是街道上一张响亮的名片,它还有一个好听的名字——仁爱学校。为了入学,很多特殊儿童家长不惜重金购买园区住房。今天的故事,就发生在荷韵街9号……

每周一的早上,范里校长都会准时站在学校门口,微笑着迎接入学的孩子们。有别于普通学校都是学生主动向老师问好,仁爱学校的孩子,都是被老师追着、讨要清晨问好的。因为他们太特殊了,他们是一群折翼的天使,有的听不懂老师说的话,有些有情绪行为问题的孩子甚至会对老师拳脚相加。范校长特别会哄孩子,因为他有一样"利器",那就是iPad。iPad里面有专业的图片沟通系统,不会说话的孩子点下图片,也会发出"范校长,你好!"的声音。每每此时,范校长就会给孩子竖一个大拇指,鼓励孩子"你真棒!"

范里校长原来是普通学校的校长,为什么会从熟悉的普通教育转向陌生的特殊教育呢?因为,他要圆一个教育梦,办一所理想中的学校。

2011年仁爱学校筹备初期,整个学校只有范校长一个人。范校长通过全市行业调研,拨通了一个人的电话,找到了苏州大学的鲍捷教授。鲍捷老师来到筹建初期的扬东路校区,当时学校还和扬东路小学共用一个办公场所。通过2小时的交流,范校长明确了未来仁爱学校的发展,要采用当时国内还没有的"医教结合"理念办学。第一批师资中,有特殊学校教师,有普通学校教师,其中有好几位是国外留学回来的特殊教育教师。除了这些教师以外,还有一位康复医学专业教师,这些教师成为仁爱学校在特教领域创新

荷韵街9号，将工业园区变成特教学区

与腾飞的基石。

第一批招生是2013年，一共招收了8位孩子，14位教师面对8位孩子，每天的课程都是丰富多彩。尤其是鲍捷老师与谢明老师定期来学校，分别从儿童康复医学与儿童自闭症两个领域进行职业教育，大大提升了教师们对特殊儿童医教结合理念的理解。逐渐地，家长发现在仁爱学校里除了特殊儿童教学以外，康复医学干预是如此专业。学校每天都有专门的康复课程，分为神经发育治疗、感觉统合治疗和运动疗法三大类。孩子除了得到康复老师的专业授课以外，还能上仁爱独有的特色康复教育课。这个课程结合情景再造技术，将儿童的功能需求分割成每个作业任务，并结合情景知识完成功能训练。

仁爱学校已经悄然走入第十个年头，这些年发展为国内知名的特殊学校，这离不开范校长的倾力付出。学校坚持"仁者爱人、适性发展"的教育理念，推崇私塾式的育人师生关系，追求"全纳""零拒绝"的教育。"让每一个孩子学生都能出彩"，这就是范校长眼中的闪光学校、理想学校。

仁爱学校有一个康复团队，做新生评估，他们是挖掘、发现学生能力的排头兵；制定学生计划，研讨学生康复方案，他们是不断研磨、精益求精的精兵团队；开展康复训练、探索新康复方法，绞尽脑汁让学生参与训练，他们是提高康复训练效果的能工巧匠。

我是建校初期来到这所特殊学校的康复教师，2006年就读于苏州大学体育学院运动人体科学专业，研究生为运动康复方向。从2007年开始，我就跟随鲍捷老师以义工的形式，常年在市区特殊教育学校对脑瘫孩子作康复训练研究。在研究生毕业以后，为了继续追逐梦想，加入了仁爱学校。仁爱学校康复团队已经成立五年了，我们是一群青春、向上的年轻人，大多数还没结婚，但是却视特殊孩子为己出，用专业的、扎实的康复技术帮助孩子，一遍遍纠正康复动作；创设生活化情景，让枯燥的训练变得有趣，孩子乐于参与。

克克是仁爱学校开学第二年就来的孩子,因为出生时窒息导致脑瘫,经诊断为不随意运动型的脑瘫,走路不稳定,跌跌撞撞。因为训练时不小心跌破了耳朵,从此对走路总是惧怕,没有老师搀扶,始终不愿意迈开步伐。

当年的康复课程是一对一训练实施的,那次鲍老师定期来校为孩子们做运动评估,遇到了克克。鲍老师把克克抱在怀里,给孩子做评估,挠痒痒、举高高,克克被逗得哈哈大笑。通过这样润物细无声的评估示范,发现了克克的步态异常从骨骼肌肉角度分析属于核心力量不足,髋关节稳定性力量不足。而从神经科学分析,克克的巴宾斯基征、查多克征、奥本海姆征、戈登征阳性,有踝阵挛现象,跟膝胫实验、罗姆伯格征都为阳性,属于共济失调及病理反射残存的运动控制障碍。评估十分钟后,通过神经发育疗法辅助肌贴抑制异常神经反射,并且通过激活相应稳定肌群,克克竟然在鲍老师的引导下主动走起路来。走路虽然还有点跌跌撞撞,但和初始相比,已经有了肉眼可见的明显改善,一旁的爷爷更是感动不已。

在座所有听课的老师都感觉无比振奋,统一了终身不断学习的思想,也明确认识到需要不断地多学科融合学习。有了思想,就会有行动,逐渐地,仁爱学校的老师在鲍捷老师的带动下,加入了"爱在路上"这一儿童康复治疗师平台,定期学习与自己本专业或兴趣有关的儿童康复知识。2017年,仁爱学校承办了一次"爱在路上"全国康复技术论坛,将整个教师的康复教研工作推向了更高的平台。从当初到现在,在康复团队教师们的集体努力下,一批批的孩子成长、受益,运动能力和平衡能力都得到了很大的提升。

有个叫昊昊的孩子,因为智力和情绪行为问题,父母把他送到了仁爱学校接受特殊教育。刚来学校时,昊昊总是腆着自己的大肚子,到处走来走去,样子非常可爱,有时故意摔一跤,惹得同学哈哈大笑。随着摔跤次数的增多,身为康复老师的耿老师就看出了异样。他发现孩子摔跤时不会支撑,摔跤后独立爬起来非常艰难,结合自己的所学的康复知识,耿老师对昊昊进行了一个全面的评估,"孩子表现出来的运动问题很可能是进行性肌营养不良啊!"作为班主任导师,耿老师紧急联系了昊昊家长,让家长带着孩子去

荷韵街9号,将工业园区变成特教学区

医院做个全面检查。检查结果果然如耿老师所料,昊昊就是一名肌营养不良的孩子,而且缺失的基因较多,病程也会发展较快。

对于家长来说,这简直就是惊天噩耗。目前虽然出现了一些可以延缓肌营养不良病情发展的药,但是由于价格昂贵,家长还是负担不起。而适量的康复训练能够辅助维持肌肉力量,延缓病情发展。为了给昊昊更精准的评估与康复,康复团队再次邀请鲍老师来做评估,结合评估结果,大家为孩子做了一份专业的康复训练计划书,同时做了份家长康复指导书,家校携手,与时间赛跑。"本是不幸的孩子,遇上一群专业而热心的老师,也是孩子的福气啊!"昊昊爸爸看到厚厚的家庭康复指导书,忍不住由衷地感谢。

仁爱学校目前有两个脑瘫班级,都是由专业的康复老师做班主任导师,目的就是为了让孩子们得到更多的专业康复指导。魏老师是大龄脑瘫班的班主任导师,虽然还未结婚,但是总是像爸爸一样照顾孩子。语文老师问孩子们,魏老师是不是就像你们的哥哥一样喜欢你们?其他孩子都大声回答"是的",只有楷楷默默地说"他更像我爸爸"。为什么呢?语文老师追问,"因为魏老师不仅给我做康复,还教我剪指甲、叠衣服,就像爸爸一样。"

脑瘫孩子天生心思细腻,老师们的付出都看在眼里。楷楷爸爸工作繁忙,妈妈还需要照顾小弟弟,所以经常自己打理自己的生活,指甲很长也没人剪,身上的衣服总是皱皱巴巴,看上去非常不整洁。魏老师联系了楷楷妈妈很多次,妈妈嘴上答应,可就是没有实际行动。"唉!怎么办啊?""我帮楷楷剪指甲?可是孩子以后毕业了还是要照顾自己啊!""授人以鱼,不如授人以渔。"魏老师就像孩子的爸爸一样,结合孩子的日常生活能力,中午技能训练时给楷楷"开小灶",一遍遍地教孩子使用指甲刀。针对楷楷手指协调性差的问题,还进行专门的协调性训练。就这样,经过2个月的训练,楷楷手指协调性明显提高,终于学会了自己独立剪指甲。正如孩子所说:魏老师不仅是老师,更像爸爸!

仁爱学校的康复老师,不仅是康复老师,他们还是孩子坚强的后盾。他们也是爸爸妈妈的心肝宝贝,但是却把班级里的孩子当作了自己的心肝宝贝。你要问这么年轻,做一份默默无闻的工作,后悔吗？他们总会自豪地告诉你:孩子们需要我们,我们和孩子在一起很幸福！

建起"爱在路上"的国际桥梁

作者：Kurbanov Bobirbek（乌兹别克斯坦）

> 如果你认为我们无法改变世界，那只是意味着你不是那些愿意改变世界的人。

Kurbanov Bobirbek

单　　位　Neurolife 国际康复中心

专　　业　康复管理、境外合作

从业年限　14 年

我叫 Kurbanov Bobirbek，从小喜欢看中国古装武侠剧，向往有一天能到东方那个神秘的国度闯一闯。我努力学习汉语，十六岁那年，在家人的鼓励和自己的努力下，我考上了山西省中医学院。你没听错，我大学专业是针灸推拿，我是中医专业毕业生。

  我的第一份工作是在山西省太原市脑瘫医院担任中医翻译，专门为来自俄罗斯及其他当时独联体国家的脑瘫儿童康复服务。自此我一直坚持从事康复事业，已有十四年。我服务过 6 000 多名残疾儿童，合作过八家国内外知名康复医院，了解的康复训练多种多样，见过的治疗手段也五花八门。

  我一直在学习和研究关于儿童康复的课题，不断寻找着先进且有效的治疗方式。因此，我会积极参加各类培训班与学术会议，我与刘合建老师的结缘，也是源于其 2015 年在北京主讲的"软组织贴扎技术"培训班。后来我们有了更多了解和交流的机会，当我知道"爱在路上"公益平台的时候，内心就充满了向往，没想到有一天我也能成为召集人之一，参与其中。

  我的中文名是"子琦"，我经常讲我们的相遇就像是伯牙与子期的初见。后来，我们一起随"爱在路上"去了中国很多城市，到过很多儿童康复机构参访，也一起带着"爱在路上"的吉祥物"布瑞恩"到访了德国、意大利的多家康复医院。未来我们将沿着"一带一路"，把"爱在路上"公益平台推向世界各地，帮助更多有需要的特殊儿童、家庭和康复人员。

为了让国际先进的康复技术能在中国落地，更好地帮助中国的孩子康复，我积极引进新设备和培训新技术，以帮助更多的特殊儿童回归家庭，融入社会。2017年3月，我第一次受"爱在路上"邀请，在连云港会议上介绍了俄罗斯太空衣在儿童康复中的应用，成功将这个康复技术引进国内。有来自全国14个省市的康复界同仁、特教学校老师及患儿家长共300余人参加那次公益讲座。

同年5月份，我又引进俄罗斯语言训练工具。在语言训练的领域，俄罗斯的训练器材更具多样性，效果更显著。言语矫正法探杆是一种积极的治疗方法，其实质在于施加计量机械刺激，借助探杆设备，使用特别手法刺激发音器官肌肉。其作用包括使发音器官肌肉紧张度正常化，激活动力不足发音器官周边肌肉，刺激本体感受器，为发音器官的自由、协调运动准备条件，传入大脑皮层言语区。我翻译相关的著作，并与联邦国资机构巴什基尔国立师范大学智力迟钝儿童教育学和言语障碍矫正法教研室的 Макарова И.А 教授建立了联系，其允诺在疫情过后来华培训授课。

自2018年在莫斯科了解到CME技术后，我就开始积极寻求与CME技术创始人Ramon Cuevas直接联系。历经三年多洽谈，终于在2021年末正式将这一欧美流行的儿童康复治疗技术引进中国。CME技术（CME®、Cuevas Medek Exercise）由智利物理治疗师Ramon Cuevas于1972年在委内瑞拉开发，已在纽约、德里、阿利坎特、多伦多、布宜诺斯艾利斯、悉尼、库里蒂巴、弗洛里亚诺波利斯、巴黎等地推广应用多年，是一种针对影响中枢神经系统的非变性综合征导致发育迟缓的儿童的方法。CME技术被定义为动态挑战性的训练，手法应用于儿童以引起自动运动功能反应，大多数练习是训练（动态的），是平衡与协调为主。2022年初，于广东惠州开始培训首批6位中国认证种子讲师，八十高龄的CME儿童康复技术创始人Ramon Cuevas教授亲自远程授课，我负责前期的培训教材及现场全程翻译。为期五天的培训，每天从下午5点至深夜12点，过程虽然艰辛，但收获远超预期。

通过对CME技术的学习，我们对PT有了全新的认识，更深刻地体会到了"学无止境"这四个字的含义。

现在，我在俄罗斯与中国成立了自己的康复品牌——Neurolife儿童康复平台。我们的品牌官网专门帮助各国脑瘫儿童与中国合作的康复中心进行康复咨询，同时也与多个国家基金会合作，帮有需要的患者申请救助。而对于大多无法通过基金会获得救助的患者，我们又建立了交流群，为困难的家庭募集康复费用。我的团队由我本人和各国志愿者（大多是脑瘫儿童家长）组成，免费为每一个家庭提供专业的服务。

中国专业帮助脑瘫儿童的组织不多，"爱在路上"这个公益组织是我这些年来一直追随与支持的，我在三年前建立了"爱在路上"俄文版网站，在独联体国家推广。我希望通过这个组织能将中国及国外的脑瘫儿童连接起来，能为中国及各国的康复事业建立起沟通的桥梁，能为更多的家庭提供专业的康复服务。希望每一个小天使都能有健康快乐的童年，在康复的道路上少走弯路，坚持不懈。

第二幕

风雨过后，终见彩虹

我是折翼的天使，
我没有强健的手脚，
我没有完整的语言，
我没有聪明的大脑，

但这一切都不足以阻挡我努力变好、努力变强大，
放下一些，承认一些，拥抱一些，面对一些，
风雨过后，终会见彩虹。

康复之路，体验成长，收获友谊

作者：陈涛

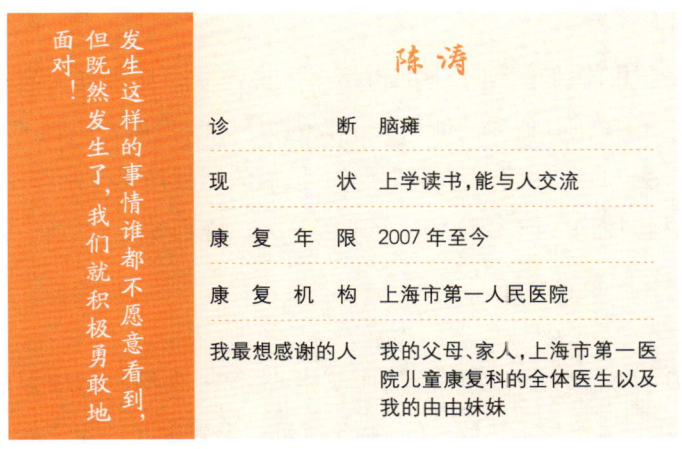

发生这样的事情谁都不愿意看到，但既然发生了，我们就积极勇敢地面对！

陈涛

诊　　　断	脑瘫
现　　　状	上学读书，能与人交流
康 复 年 限	2007年至今
康 复 机 构	上海市第一人民医院
我最想感谢的人	我的父母、家人，上海市第一医院儿童康复科的全体医生以及我的由由妹妹

2007年暑假我刚刚小学毕业。妈妈给我在上海找了一家医院，让我去做康复训练。这个消息对于当时的我来说简直就是噩耗……但妈妈却对我说："傻孩子，如果你去做了，好了，就能和正常孩子一样了，那该多好啊！"当时还不是很明白这句话的意思，我现在渐渐体会到了妈妈的良苦用心……

——说出你的故事

记得那应该是2007年7月20日吧,怀着几分紧张和无奈,我坐上了湖州菱湖到上海沪太路的车。我清楚地记得那是早晨5点的车,虽然是夏天,可是天还只是微微亮。一路上我就睡在妈妈的腿上,一觉醒来已经是早上7点半了,爸爸说"快到上海了"。我一下子激动起来,中国第一大都市——上海,在向我招手!可是一想到我去上海是要去医院,我的心情又变得沉重起来……

不一会儿,我们便到了上海市第一人民医院。在康复科最先见到的是陈文华主任,陈阿姨说先要测试一下我的力气,叫我用力握她的手。爸爸在旁边还插了一句:"用力好了,陈阿姨不怕痛的!"我用尽了所有的力气,包括我从娘胎里带来的全部用上了,一下握下去。陈阿姨说力气还可以,但还需要住院康复训练。

到了上海市第一人民医院的康复中心,第一个给我做康复的是戴黑框眼镜的阿姨(虽然我不知道她的名字,但是如果我现在看见了她肯定还认识的),她对我说:"不要怕,好好配合我,不痛的。"我想:"人反正在你们手里,配合就配合吧。"于是我就试着配合她。大概半个小时的运动做下来,感觉累是累了点,但是确实不痛。第二项是站板两个小时,站在上面好像有人在拉我腿部的筋,有点痛,但是还能坚持。再说还有老爸的老牌诺基亚陪伴,聊聊QQ,上上网,感觉两个小时过得还可以。当老爸说时间到了的时候,我由于太过于激动,两腿一蹬,"砰"一下,整个人摔倒在了地上。幸好有皮垫子,不然额头就没有那么幸运了,"开花""挂彩"是肯定的。接下来是"小船"项目,一旁的妈妈给我打了比喻:这个就像站公交车一样的,两腿前后用力。虽然我自己很注意了,但还是有几次中了那个帅哥叔叔的计,他突然加快了

几下,我没准备,"砰"一下——四脚朝天。接下来好像是感觉统合了吧,具体怎样已经不记得了。

半天(一次)的训练结束了,我已经疲惫不堪了,回到家里,一上床就睡着了。

第二天,我已经没有第一天这么害怕了,还是像第一天那样配合医生叔叔阿姨们,虽然累,但是想想老妈的这句话(好了就像正常孩子一样了),我的心里总是美滋滋的。第三天,第四天……我感觉每天时间都过得很快。一个星期过去了,渐渐地我从以前的害怕恐惧中走了出来。我愿意和这里的叔叔阿姨、家长、小朋友说话交流了,我适应这里了。

就这样又过了两个星期,时间很快已经是8月中旬了,我也要回家上学了。我清楚地记得那是8月18日,怀着对伙伴的不舍和对医生叔叔阿姨的感激,我离开了上海市第一人民医院。在车上我默默地流下了眼泪,真的不舍得大家。

在这里我认识了很多小朋友:小宇、天俊、由由、子怡,还有冬冬,那时候他外婆老夸我高桥走得好,还有骨折了的胖哥、刘叔叔、冯叔叔……还有许许多多人,我都记得你们,你们都是我的好兄弟,好长辈!谢谢你们,带给我无限的快乐。

姥姥，我会让你笑得更多

患儿：赵昶钦

代笔：菅晓霞

> 姥姥，谢谢您对我别样的关爱和无微不至的照顾，您就是我生命中一束温暖的阳光，陪伴我一路同行，快乐成长。

赵昶钦

诊　　断	自闭症
现　　状	上幼儿园，可以简单交流
康复年限	2016 年 3 月至今
康复机构	内蒙古自治区巴彦淖尔市临河区康复医院
我最想感谢的人	姥姥

我叫钦钦，男孩，2012 年 2 月出生。我的家庭和其他小朋友有点不一样，爸爸成天不知道在干什么，没时间管我，妈妈有时会比我还孩子气，我感觉我更像个小大人。从小都是姥姥一直在照顾我，我知道他们很爱我，当然我也很爱他们，因为我们是相亲相爱的一家人嘛。

姥姥，我会让你笑得更多

在我三岁的时候，姥姥发现我和其他小朋友不一样。当姥姥哭了、生病了，我总是无动于衷，该玩自己的还是玩自己的；不说话，不看人，喜欢登高不怕摔，执着地喜欢某一样东西，等等，许多许多的不一样，致使姥姥开始担心。于是他们带我到医院看病，医生给出的结论是自闭症倾向！为什么会这样呢？姥姥想不通。姥姥虽然很难过，但是执着地认为应该去大医院再检查一下。姥姥告诉爸爸我的情况，爸爸却很生气地说姥姥在瞎胡闹，爸爸认为我再长大一些就会懂事了，没必要瞎花钱，为此姥姥伤心了好久。最后，姥姥还是带着我，怀揣着3000元钱开始了我人生中的第一次远行。

2015年4月，我和姥姥来到了河北省石家庄市儿童医院。在这里，我遇到了很多跟我一样的小朋友，经过检查，医生给出了相同的结论。姥姥抱着我泣不成声，虽然很难过，却仍然得面对现实。医生建议姥姥带我去做康复训练，可我看到姥姥似乎很为难，不知道是为什么！

回到家后，姥姥送我到了一家私人幼儿园，希望我能跟小朋友们多接触，一起开心地玩耍。幼儿园的老师虽然很漂亮，对我也很好，可她为什么老冲着我下指令，我不喜欢！我天生坐不住，喜欢快速奔跑，别看我的个子小，可是没有一个老师可以跑得过我。如果我想跑，他们是怎么也抓不住我的，呵呵，我厉害吧！

2016年3月，姥姥高兴地带着我到了内蒙古自治区巴彦淖尔市临河区康复医院，听说这里可以免费给我做康复训练，在这里我开始了我人生蜕变的重要过程。

这里有很多爱我的老师，她们都好有耐心，经过七个月的拍手、摸头、伸舌头等训练后，我开始会发音了，但仅仅是 baibai, baba 的类似音。经过一

年的训练,我乖多了,我会听简单的指令,课上可以配合老师做一些事情了,每次下课的时候我可以自己跟老师说"拜拜"。每每此时,姥姥都会狠狠地在我脸蛋上亲上一口,我知道姥姥想让我说很多的话。

姥姥给我安排了满满的课,不管刮风下雨都得去上课。北方的冬天太冷了,我知道姥姥是为我好,我也很努力地去学习。可是,我感觉好冷,只想待在热被窝里……我得了肺炎,体温39℃,这可心疼坏了姥姥。记得那天天不亮,姥姥就带我到了医院,从检查到输完液,不管我如何无理取闹,姥姥抱着我都没撒手。

经过一年的训练,我真的变了,我可以说所有的音了,虽然只是单音和叠词。姥姥高兴坏了,因为姥姥和我都知道这些音来得不容易啊!每天上那么多的课,我也很辛苦的!唉!不过看到姥姥脸上的笑容我也认了。现在常见的食物基本上我都能认识了。同时,随着认知量的增加,我开始和姥姥表达自己的需求了,当然仅限于喝水,尿尿之类的。虽然很简单的事情,但是我知道姥姥已经很满足了,因为她现在的笑容很多很多,姥姥,我会继续加油的!

以上是我这几年的历程,我知道我能变成现在这样,除了要感谢老师的教导之外,最应该感谢的是姥姥这么多年来不懈的坚持。在这里我要对姥姥说一声:您辛苦了,谢谢您对我无微不至的照顾,给了我别样的爱。

我有世界上最伟大的爸爸

患儿：张舒婷

代笔：菅晓霞

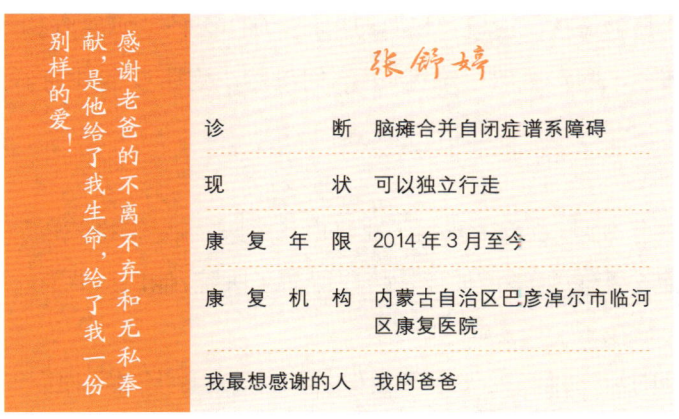

感谢老爸的不离不弃和无私奉献，是他给了我生命，给了我一份别样的爱！

张舒婷

诊　　断	脑瘫合并自闭症谱系障碍
现　　状	可以独立行走
康 复 年 限	2014年3月至今
康 复 机 构	内蒙古自治区巴彦淖尔市临河区康复医院
我最想感谢的人	我的爸爸

我叫张舒婷，我的家乡在美丽的内蒙古自治区巴彦淖尔市，我今年4岁了，本应有一个健康快乐的童年，可现在却只能由爸爸陪着往返于家里和康复医院。我是个脑瘫孩子，没有意识，吃喝拉撒需要有人照顾，每天纸尿裤都需要好几个。我的爸爸是世界上最伟大的爸爸，因为到目前为止只有爸爸陪着我，我也只认识他一个人，你们可别笑话我啊！

——说出你的故事

在我一岁多的时候,爸爸妈妈发现我和邻居家同年龄的小宝宝不一样。人家小宝宝会翻身、会爬,而且还会走路,可我什么都不会,只能乖乖地躺在床上。其实我也很着急很羡慕的,我也想像邻居家的宝宝那样,拽着爸爸的手指头到院子里听小鸟唱歌。

为什么说爸爸伟大呢?因为爸爸细心,带着我到医院做了检查。哎!医生说我是脑瘫孩子。爸爸妈妈想不通,为什么爸爸妈妈身体都很健康,而我是脑瘫孩子呢?虽然很难过,但他们毅然决定带我到北京做进一步检查和治疗。

2014年3月,爸爸带我到了北京市儿童医院,专家说我以后恐怕不会走路了。爸爸很难过,不过他还是陪我留在了医院,他说只要有一线希望也要让我跟正常孩子一样走起来。

医院的治疗师们天天帮着我做治疗,在我身上揉啊捏啊,让我很不舒服。我很生气,可是没办法,我无法反抗。于是我就开始大哭大叫,故意把鼻涕眼泪流得到处都是,这可是我最拿手的小本领啊!嘿嘿,别看我平时对什么都不关心,我也是有小心思的。

在北京的日子太辛苦啦!为了给我看病,家里花了好多钱,爸爸不会想到,为了我他走了一条多么漫长而坎坷的求医路。一个月后爸爸带着我回到了老家,在老家,爸爸又把我送到了康复机构里。由于是新环境,我充满了好奇和抵触,开始故意跟医生作对,继续耍我的小心思。爸爸也发现了我的淘气,于是再次选择了另外一家更大更正规的康复机构。

2014年10月,爸爸把我送到了内蒙古自治区巴彦淖尔市临河区康复医院里继续治疗,爸爸也辞掉了工作一心陪着我。我突然发现不知从什么时候开始,我再没看到过妈妈,不过只要有爸爸陪着我,我就什么都不怕啦!开心的是,这次康复之旅让我真正开始了变化。爸爸每天早早地就带我来到医院,每天的训练也排得满满的。经过半年的训练,我学会了翻身、爬和坐,爸爸高兴坏了,因为爸爸和我都知道我学会这些是多么不容易啊。每天那么多训练,我很辛苦的,不过看到爸爸脸上的笑容我也认了。

爸爸始终都在坚持,因为他知道我虽然会翻身、会坐、会爬了,但还不能走路。2015年8月,我终于可以扶着墙走来走去了,爸爸高兴得差点跳起来,抱着我一直转圈圈。还有一个老大难的问题,就是我不会说话,认知领域是零。为此爸爸和医生交流了意见,给我增加了语言和认知的学习,老师们都很有耐心,可是我真的不知道他们的指令是让我干什么,于是我就开始罢工,开始捣乱,开始尖叫。可是老师们没有放弃,经过一年的练习,我开始和爸爸要求喝水,尿尿了。有一次我很顽皮地叫了声"爸爸",发音都不标准。很简单的事情,但是爸爸已经很满足了。

这就是我的康复路了,一路走来,抛开我的进步不说,最大的收获就是爸爸对我无私的爱。感谢爸爸这么多年的不懈坚持,在这里我要对爸爸说一声:您辛苦了!我有世界上最伟大的爸爸!

掌心中的太阳，冉冉升起

作者：马迪迪

我是父母掌心中的太阳，是家庭的关爱、医院的关怀，社会的关心滋润温暖了我这颗曾经有点黯淡的太阳，助托起我的美好成长。

马迪迪

诊　　　断	脑梗死后遗症，失语，右侧偏瘫
现　　　状	技术工人，生活自理
康　复　年　限	2008年至2014年
康　复　机　构	复旦大学附属华山医院康复医学科
我最想感谢的人	手外科徐文东教授与康复科朱俞岚医生，还有爸爸、妈妈

父亲说：我是家中的小太阳，只是不挂在天边，而是捧在手心里。

母亲说：太阳会发光，会生热，我们家的小太阳何时会冉冉升腾起来？

我就是父母亲说的掌心中捧着的骄阳，脆弱而敏感。

我是一名康复多年的患者，我将自己的康复经历用笔真情记录下来。请您用几分钟读读我的故事，也许您也能收获一缕温暖的阳光。

掌心中的太阳，冉冉升起

五岁那年，是一段不堪回首的记忆。一次小小的疝气修补手术，从麻醉中苏醒过来的我，蓦然间发现自己无法再像以前那样自然地讲话，也没有办法自由地控制自己躯体。我哭喊着，却找不到一个词来表达，无助、惊愕布满了我的眼瞳。

"围手术期脑卒中，左脑大面积梗死"，诊断很长，结果和现实一样很残酷。我曾经充满欢笑、曾经弥漫着童年芬芳气息的世界，一下子被这残酷的疾病打击得荡然无存。

父亲与母亲毅然决定带着我来到上海打工挣钱，为我康复治疗。清楚记得父亲当时那坚毅的表情，他心疼地抚着我的头说："你是我们家的小太阳，现在只是失去了光和热，我们就把你捧在掌心，呵护爱护你一辈子。"

于是，上海西北角一个住宅小区地下停车库里的一角，成了我在上海的家。没有水，就用水缸攒；没有床，就用两个凳子加块门板搭成床。父亲成了小区物业的水电工，母亲成了小区的保洁员。他们俩就像两个不知疲倦的陀螺，飞速地旋转奔波着。

白天，妈妈一大早忙完工作，就带上我匆匆地坐地铁、转公交，去医院的康复医学科接受系统的康复治疗，PT、OT、ST，我没有落下一项治疗。

康复科是个富有人情味、充满欢笑的地方，一点也不像医院其他科室那般气氛严肃。年长我好多岁的病友们，总是像大哥哥一样，关照我、关心我。比我大几岁的康复治疗实习生们，一点没有医生的架子，总会像大哥大姐一样保护我、爱护我，可以与我一起分享康复科发生的每一件有趣的事儿。在他们眼里，我不是一个患者，而是一个邻家弟弟；在我眼里，他们也不是医生，而是我在康复路程上最好的朋友。

我慢慢成长起来，第一次丢掉拐杖，单独行走，5米、10米……第一次说出一句完整的词语、一个句子、一段话……每一次的进步都包含着康复科医生们对我的耐心和关心，哪怕只是进步一小步，哪怕只是多说一个词，他们都会比我还开心。不得不说，我的进步是他们的坚持造就的。渐渐地，我独立起来，甚至可以像正常人一样自己乘车，与人交流。即便是父母不在身边，我也可以自己把自己照顾得很好。未来不再像以前那样迷惘，我对生活渐渐恢复了信心。

对我来说，手功能康复是最最辛苦的。由于右侧肢体远端肌张力很高，我的右手总是握成一个拳头，右脚背不能很随意地跷起，走路总是拖着腿，只能侧身慢慢走着。在康复科里，我学会了如何自我牵伸上肢，学会了用脚踏楼梯牵伸脚踝等实用的小方法。会做木工的父亲还按着分指板和踝足矫形器的样子，自己动手帮我做了一个简易分指板和踝关节牵伸板等康复小器械。康复科的医生也教会了我很多、很实用的方法，利用生活中常见的物品进行康复治疗，不仅让我在家也能进行康复治疗，同时还为我节省了一大笔治疗费用。

为了上肢功能更好地恢复，2008年我在华山医院手外科接受了手功能重建手术。这次手术，不再是五岁那年令我害怕、不寒而栗的经历。术后经过系统的康复治疗，我欣喜地发现，右手恢复到能自己控制的能力了。我可以自己端水，可以张开五指挥手道再见了。这样的感觉真的很好！

父亲与母亲看着我的变化，脸上开始有了欣慰的笑容。父亲说：呵呵，我们掌心呵护下的小太阳终于开始温暖起来了啊！

在社会的帮助下，我顺利进入区残联康复中心继续进行康复治疗。我由单纯的一名被动康复接受者，变为一名积极向上、热情助人的康复治疗宣教员。在新发生脑卒中的病友和家人看来，虽然我的卒中发生很不幸，但是康复的故事很精彩，能增进他们对积极康复的信心。我把华山医院的康复精神带给我身边的所有病友，我尽情享受着这份曾经也是我的病友们带给我的美好心情。

  重新回到学校，坐进梦想很多次的窗明几净的教室里，老师和同学没有因为我是外来务工子女而瞧不起我。我还加入了学校的管弦鼓乐队，学会了吹小号；加盟了足球队，可以在学校操场上奔跑踢球；在生活技能课上，掌握了包包子、做汉堡、电脑绘图等技术。

  现在，青春与笑容又重新回到了我的脸庞，我渐渐茁壮长成长为一名挺拔青年。属于我的太阳，已经开始发光发热、升腾起来。我是父母掌心中的太阳，是家庭的关爱、医院的关怀，社会的关心滋润温暖了我这颗曾经有点黯淡的太阳，助托起我的美好成长。

无脑人，眼泪也有翅膀

作者：赵丽婧

整理：朱俞岚

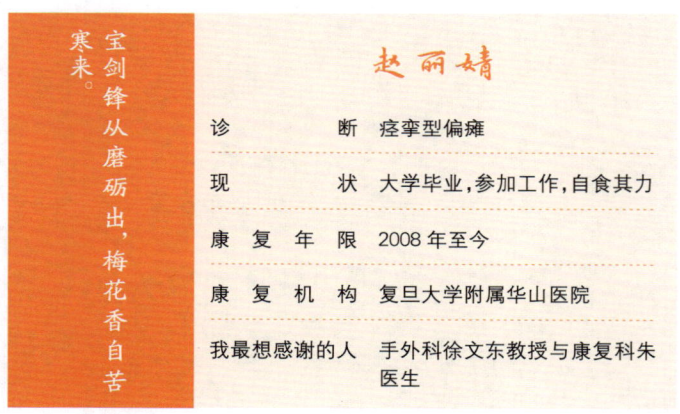

宝剑锋从磨砺出，梅花香自苦寒来。

赵丽婧

诊　　　断	痉挛型偏瘫
现　　　状	大学毕业，参加工作，自食其力
康 复 年 限	2008年至今
康 复 机 构	复旦大学附属华山医院
我最想感谢的人	手外科徐文东教授与康复科朱医生

琼瑶剧中的女主角们总会爱流泪，她们的泪或苦或甜。我也是一个爱流泪的女孩，但我只有在自己的生活中才是主角，我的眼泪一点也不沉重，每一滴泪都代表着我的一点进步，它们都是带着翅膀的水晶，折射着希望的光芒向未来飞翔。记忆之轮飞速旋转着，探索着过往种种。闭眼，往事如烟，定格，播放，此事难忘，眼泪禁不住溢满眼眶。如果说眼泪只能簌簌落下，那我希望眼泪也有翅膀，飞过曾经的灰色童年，飞过青涩的青春岁月，飞向充满希望的明天。

无脑人,眼泪也有翅膀

我叫赵丽婧,今年十七岁,是一个先天性右脑里无脑浆的残疾人(也就是人们口里常说的无脑人),一个左侧肢体瘫痪的女孩。要知道这种病是世界上比较罕见的。

我出生在上海崇明岛的一个农场,出生时我是个白白胖胖,一笑眉眼弯弯像月牙的女孩。随着慢慢长大,我出现了许多与同龄孩子不一样的情况。当同龄的孩子可以慢慢地扶墙走路的时候,我却还像只柔软的小猫咪般依偎在妈妈的怀抱中。细心的妈妈发现我左手大拇指不能跷起和伸直,老是保持着握拳的样子,手臂也总是蜷曲在怀中。当我长到一岁的时候,外婆总觉得更不对了,因为同龄小孩走路都已两脚着地,我却只能托着腋下颤颤巍巍站着,右脚足跟能正常着地,而左脚足跟却不能。

于是,爸爸妈妈带我乘车、坐船去了上海的几家大医院找专家看,经过详细的检查,发现小小的我,右侧大脑缺了一片大约一元硬币一样大小的脑组织。当时检查结果出来的时候妈妈和外婆都哭了,医生们也手足无措,看了片子也纷纷摇头。医生说:这个病会留下终身残疾,连最简单的生活都不能自理,可能这辈子只能在床上度过了。全家人都惊呆了,特别是爸爸妈妈,他们的精神极度崩溃。谁也不会想到一个爱笑的可爱小女孩,一生就这么被无情的病魔给毁了。当时爸爸想把我寄养在乡下的爷爷奶奶家,希望妈妈能再生育一个健康的孩子。可是妈妈坚持抚养我,放弃再生育一个孩子。后来爸爸妈妈平静地离婚了,我就由妈妈带到上海来生活。

人们常说,人这辈子最快乐的时光莫过于童年了。是啊!童年可以用天真、纯洁、无忧无虑来形容,但童年对我来说并没有什么欢乐可言,相反只

有病痛和那些苦涩的药物、流不完的眼泪陪伴着我。小时候我总喜欢隔窗远眺，羡慕地看着同龄小伙伴们在路上蹦蹦跳跳。记得我那时进校门，是由外婆抱着进去的，外婆成了我们班级编外的一名旁听生。小时候虽说有病痛的折磨，但毕竟年龄小，也不懂什么是痛苦、烦恼和孤独，所以我天天幻想着等长大了，自己的病就会好了。可是随着年龄的增长，我慢慢明白那只是儿时的天真美梦而已。

记得那个时候，只要听说哪个医院能治疗我的病，妈妈和外婆就会不远千里地带我去医院看病治疗。中药苦涩、针灸按摩疼痛——我经历了可以说是常人无法想象的艰苦，不敢大声哭闹，眼泪流多了就往肚子里咽。但一想到只要能看好病，我就会咬牙坚持。

我想这个社会上好心人还是很多的，就在我们无助的时候，有一个好心人告知上海华山医院的徐文东教授能看好我的病，能让我左右手同时有力、发挥功能。于是，2008年3月初，带着试一试的心情，我和妈妈、外婆找到了徐教授。到达医院时已经错过了门诊时间，但是徐教授还是为我做了详细的检查。当我们听到我的病有办法医治的时候，外婆、妈妈和我都当场眼睛湿润了。眼泪又一次不听使唤地溢了出来，因为，我们已经十年都没有听到过这么好的消息了。

我那时已经是一名初中生了，蹒跚地歪歪斜斜地走路，从来没有上过体育课。以前去商店买鞋子买衣服是一个头痛的问题，因为我左脚后跟不能落地，不管是春夏秋冬都要买后跟鞋帮高的、带魔术搭扣的鞋子。裤子要买有松紧带的运动裤，因为我无法独立拉上裤子上的拉链。随着年龄身体的长大，合适我的鞋子与衣服越来越少。我不在乎商场里的店员初次看到我时那种惊奇迷惑的表情，因为我已经学会接受自己目前的状况，能接受自己，我也学会了自己慢慢地长大。

我有幸遇到了华山医院的徐文东教授及其手外科团队。2008年3月19日，这个我永远无法忘怀、给我重生般生命的日子。徐教授给我实施了手功能重建手术，还为我到处联系术后康复治疗，希望能够使我彻底摆脱病痛折磨。于是，康复医学科的朱俞岚医生握起了我的康复接力棒。

偏瘫儿童的功能恢复是个渐进的、不明显的、从量变到质变的累积过程。六年来，在朱医生的指导下，我和妈妈都掌握了一些家庭康复训练技巧。通过六年不间断的康复训练，收获了可喜的成绩。如今，我可以不用穿魔术搭扣鞋子和裤围是橡皮筋的运动裤了。我第一次学会了自己穿鞋，第一次学会了自己拧干毛巾，第一次独自拉起了衣服前襟的拉链。这些我人生中的第一次，虽然到来的时刻比较晚，但值得我骄傲的眼泪。经过每天的肌肉牵拉、步行训练、手部按摩，我手臂的肌张力均有不同程度的改善，平衡协调能力得到提高，步态也有较大改善。

每天晚饭后，我都在妈妈的陪同下到家附近的大学操场上散步。这是我除上学以外一天中最舒畅的时光。经常散步的人们早已认识了我们这对母女，伴随着我的康复，我神奇地获得着周围人们投来的赞许与激励的目光。

我深深铭记华山医院的医生，他们对我的意义不亚于给我生命的妈妈，他们给了我新的人生。后来，我成为一名大学生，在大学中积极地学习专业知识。我会用我与别人曾经不一样的、笨拙的左手，做出精致的中西式各种点心；会用双手绘画出漂亮的人像素描；会做园艺插花作品。再后来，我走上工作岗位。我的妈妈，如今也成为一名社区的助残员，热心教给那些和我们一样深陷苦难的家庭，教授他们一些基本的康复技巧，分享给他们我的康复经验。

第三幕

宝贝，我们永远在一起

我有一个特殊的宝贝，
我是一个特殊的家长，
是的，
我家没有寻常人家的"那幸福的模样"，
我们也无缘普通人"那向往的生活"。

但
"幸福的模样"是什么样子，
"向往的生活"是什么生活，

或许是宝贝第一次站立，
或许是宝贝第一次发音，
或许是和宝贝永远在一起。

大手牵小手,一起走向阳光未来

作者:和妈

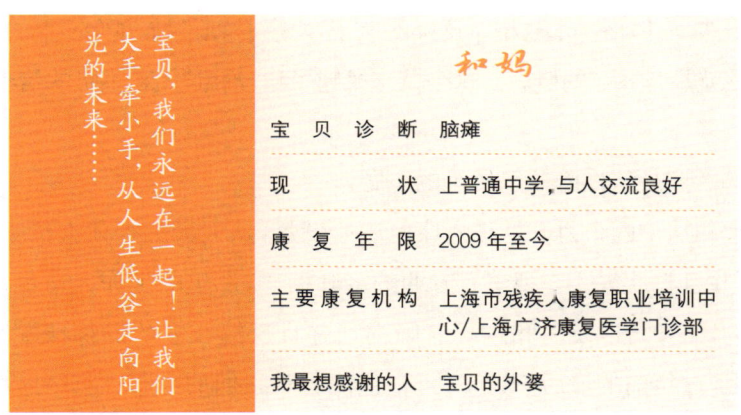

宝贝,我们永远在一起!让我们大手牵小手,从人生低谷走向阳光的未来……

和妈

宝贝诊断	脑瘫
现　　状	上普通中学,与人交流良好
康复年限	2009年至今
主要康复机构	上海市残疾人康复职业培训中心/上海广济康复医学门诊部
我最想感谢的人	宝贝的外婆

2007年的一天,当我第一次听到"哇,哇……",我孩子大和出生时的响亮哭声,心中莫名地喜悦,感慨道:"孩子,我终于等到了你的到来!"可是喜悦并没有维持很久,随着发育过程中的异样,孩子在14个月时被诊断:脑瘫,可能同早产缺氧有关。从此,我们家就陪伴他走上了一条没有尽头但又充满希望的康复之路……

所幸的是在医生朋友指点下,我们来到了一家规模较大的康复中心开始治疗。刚来这里时,我看到那些其他病人,心里真是害怕,怕自己的孩子以后也是那样。还好我本身是从事临床医疗工作多年的医务工作者,这双重身份让我开始研究这个疾病,从国内外的相关医疗文献到亲朋好友的资讯,让我知道只有一条非常经典却非常艰苦的治疗方法——"持续康复",等到孩子十八岁,体格基本成型。这样的孩子,之后长期维持,能够无限接近正常,这应该就是"治愈"的概念。这个概念燃起了我"治愈"大和宝贝的信心。

"锻炼"是这样的孩子永远的主题。

大和从十四个月开始进入康复中心锻炼,从天天哭得死去活来,到之后习惯,并且喜欢去。在那里有专业的老师指导,那里的工作人员也都是很有爱心的,家长可以及时和指导老师沟通并且反馈在家的训练情况。我们风雨无阻,过年前的最后一天工作日,也能看到我们的身影。有时这些项目我们并不是不能在家自己训练,只是想让大和在康复中心特有的环境里,能培养出一种持之以恒的精神。

我们也走访了美国和中国台湾地区的公司创办的康复机构,因为费用高昂和路途遥远,只能短暂客串。但是我依然能够学到这些先进机构在康复过程中,为儿童设计的趣味性动作,而不是国内的简单而枯燥的动作重复。

这种方法运用到家庭康复,让我有所收效。每天五点半起床,锻炼半小时到一小时,然后,我去上班,他去锻炼。大和四岁的时候终于可以走路了,我们全家也是盼星星盼月亮般等到这天了。孩子的表现让人振奋,独立地行走两三步、四五步,以后每天增加到十二、十五步,更多,更多……而且姿势还不错。我为他的进步感到高兴和欣慰。

康复中心科室齐全，除了传统的体训、按摩、感统，还有针灸。大和的弱视和斜视，是因为视神经发育的问题，除了传统的穿珠训练眼力，也只能针灸试试。穿珠是最考验家长和孩子耐性的，有时孩子因为穿不进，一气之下把珠子撒了一地。家长怒火心中升，可是还得重新一颗一颗捡起来，哄着他继续穿。为了让他开心，我让他一边听故事，一边穿珠，后来大和把这个游戏当作乐事来做。斜视在治疗中明显好转，我也感受到祖国医学的博大精深，康复中心的老师技术高超。虽然视力不能达到正常，但是够用就行了。

祸不单行，大和在刚刚会走时被查出髋关节半脱位。是手术还是保守治疗？最终在康复科主任建议下，我们接受了保守治疗。孩子经过几年的随访，效果比较满意。所以，在关键时候还是要听专业人员的意见。

在遥遥无期的学会走路的等待中，我开始探索其他的开发孩子脑功能的方法。我在网上买了生字卡片，令人惊喜的是，孩子的反应很好。尽管他不能说话，但是我反复训练几次后，每次我举着两张文字卡片问："哪个是'妈'？"他就兴奋地用小手指点着那张"妈"字的卡片。然后我又举着两张问"哪个是'中'？哪个是'国'，哪个是……"大和每次回答都正确。家里爸爸和外婆都不相信，认为他是蒙的。只有我相信，我的孩子记忆能力是超群的，甚至100个国家的国旗都能认出来。那时他只有两岁，坚持了半年后，大和已经开口说话了，慢慢地口齿清楚，并且能认读这些卡片，这时外婆和爸爸都相信了。后来发现孩子对旋律和歌词的记忆力也很好，再次证明我的判断准确。所以我要说，作为家长应该细心地观察孩子的优点，尽早地发挥他们的特点，并让他们建立自信心。

从两岁两个月开始，大和咿呀学语，那时正好是春节，我笑眯眯地对他说："新年好！"他躺在小床上也笑嘻嘻地对我说："新年好！"那是我们全家收到的最好的新年礼物！宝宝会说话了！从十个月开始只会说一个字"妈"，到十七个月增加一个"谢"字，天呀！两个字，虽然是最有用的两个字，但是大和整整说了一年多没有任何进步。现在终于等到了他真正地学会说话了，而且口齿清晰，我说什么，他就跟着说什么。之后，有机会参加了整整两年的上影素质学堂的配音课，并且以优秀的成绩拿到证书和录制的作品。

其间,我觉得所有付出的努力都是值得的。

三岁九个月开始,大和自己学会了唱歌,把那些耳熟能详的儿歌都能一一唱来。五岁开始,我让他去专业声乐老师那里学习,初衷只是因为那里的早教老师说:"孩子在唱歌时一直很开心,要不要继续报名学一个学期?"我爽快地说"只要高兴就好,我们继续学!"我最初只是让他对音乐或者是唱歌有个爱好,以后这个社会复杂,难免将来有个不顺心的时候,有个爱好可以排遣忧愁。真是无心插柳柳成荫。大和六岁,从第一次登台唱歌表演,到七岁在《幸福中国》全国青少年声乐比赛中夺得铜奖、上海赛区二等奖,到九岁CCTV"公益中国"上海赛区声乐比赛少儿组一等奖,在北京参加总决赛荣获声乐比赛少儿组银奖,并参加CCTV电视台录制的春节少儿节目。在这一系列的比赛和录制过程中,我们也感到了社会各界给予我们的满满的爱。其间,我们比常人付出多得多的辛苦,每次陪他一起练习,一起经历赛前的紧张、赛后的如释重负,最终赢得全场掌声的激动,以及获奖时的喜悦。"台上一分钟,台下十年功",而他的责任感也慢慢培养起来。我们的大和宝贝,开始成为一个自信和阳光的少年,一步步地走了出来!

孩子一天天长大,到了该入学的年龄,我觉得幼儿园的过渡还是有必要的,于是准备了一些材料,勇敢地去了一家社区幼儿园的园长办公室。因为这样的孩子,一般幼儿园是不愿接受的。所幸的是,园长真是善良又有经验的老师,看了孩子后安排了一个双语小班,三位老师都是很优秀的,让我们放心地度过了大班一年的时间,并顺利地进入了公办小学。

小学时,大和成绩优良,还是坚持每周六到康复中心训练。老师的评语总是写着:"你是一位坚强懂事的孩子,聪明机智,见识广博,希望以后更加努力,不断进步……"平时在学校里,在校长、班主任、各位老师和同学们的关心帮助下,生活基本自理。回想当初,一个数字"9",我们整整教了100遍才学会,一年级第一天的数学作业写"0—9"写得不满意擦掉,整整花了2个小时。但是我们还是能合理安排时间,功课及时完成,按时睡觉,上课从不迟到,并且在学校的实践活动中荣获小学组上海市三等奖。我认为真正的快乐教育,还是应该在系统的国家教育体系下,通过刻苦的努力,取得一定的成绩;而不是平时懒散地玩耍,如果成绩很差,孩子会得到真正地快乐吗?!

  令人欣喜的是大和还乐意开始练习一些基本的生活能力,九岁已经学会了烧饭,我想如果哪一天我没有能力照顾他时,他也不会挨饿。事实上孩子对此非常感兴趣,并逐渐学会了洗菜、洗碗、烧菜等厨房工作。我很欣慰,大和不是只会读书的机器。从2012年开始,我们踏上了国外自由行的旅程,每年我们会去不同的国家,先后去了印度尼西亚的巴厘岛、新加坡、美国的夏威夷和加拿大各地。2016年我们和其他游客一样坐上缆车,爬上698米台阶,到达2 281米的加拿大硫磺山顶,山下风景一览无余,心里充满成就感。2017年,愉快地完成了迪拜和阿布扎比的六天跟团行程。在旅行中增长了见识,更好地掌握了时间观,团队合作,责任感也增强了!一句话,旅行让人更会生活了。现在的大和是一名经验丰富的"旅游小达人"!每次看着他兴奋的小脸,自己忙碌地准备行囊,这也是一种快乐!

  回首这么多年来所走的路,自己也难以想象,这是一位单亲妈妈所能做的,我相信一直坚持在临床一线工作,考试成绩连年一等奖,这无形中就是孩子的榜样。更重要的是,外婆平时对大和生活上悉心照顾,这是两代人的

母爱铸造的成功！我想说声"谢谢您，妈妈！"当然，夫妻可以"志不同，不相为谋"，因为父子连心的亲情，孩子的爸爸依然承担着部分抚养的责任。他感动于孩子的进步，而愿意做得更多，还安排了一位有爱心的远房表哥陪大和周末锻炼，有空时接他放学。

现在，大和已经小学顺利毕业并且进入中学，感恩小学班主任陆老师耐心指导和鼓励，感恩后勤保障的蔡老师完善学校无障碍设施，感恩现在中学的领导、班主任，年轻善良的丁老师，感恩所有给大和教授知识和做人道理的老师们，以及帮助照顾他的同学们，亲朋好友们！点点滴滴，铸成美好的记忆。

除了关注学习，我还注重孩子的身心健康和品德教育，言传身教，以身作则。2022年上海的疫情，突如其来，形势严峻，居家网课，生活改变了很多。大和不仅能够按时按需完成作业，周末还和我一起参加志愿者服务，把我从医院里帮邻居配来的药分发给他们。尽管行动不便，穿着厚重的防护服，但是他坚持自己骑着平衡车去送；他还会为物业捐钱捐物，积极热心公益事业，觉得自己很"帅"！很"酷"！我也为他感到自豪。

初二的大男生，大和长大了，"小手"变成"大手"了，但是我们依然会手牵手一同前行，迎接未来！

上海市残疾人康复职业培训中心/上海广济康复医学门诊部的沈敏主任点评： 康复中心每年的"六一"儿童节都有一台孩子们主演的联欢会，是最盛大的节日。听障儿童永远是最闪亮的明星，但是那一年，大和走上了舞台，男声独唱字正腔圆，会场里所有的人都因此感受到了小小少年的成长，改变了对脑瘫儿童的认识，也让大家更加深入理解了快乐康复的理念。大和一路走来并不容易，脑损伤给他带来的功能障碍是全面的，严重的痉挛、斜视……克服痉挛本身带来的构音问题，在多次全国少儿声乐大赛中收获奖项，这些美好的经历是大和一生的财富。大和妈妈是一位美丽并且坚强的女人，陪伴、共情的基本理念掌握得很好，从小到大，跟随专业人员的指引，大和获得了独立生活的能力，并且即便上学以后，也坚持随访，将日常学习、艺术爱好、康复训练结合得非常好。大和的妈妈带着大和一路走来，正是诠释了生活的本意——享受生命的美好。

一路追随"合健"康复

作者：乐乐妈

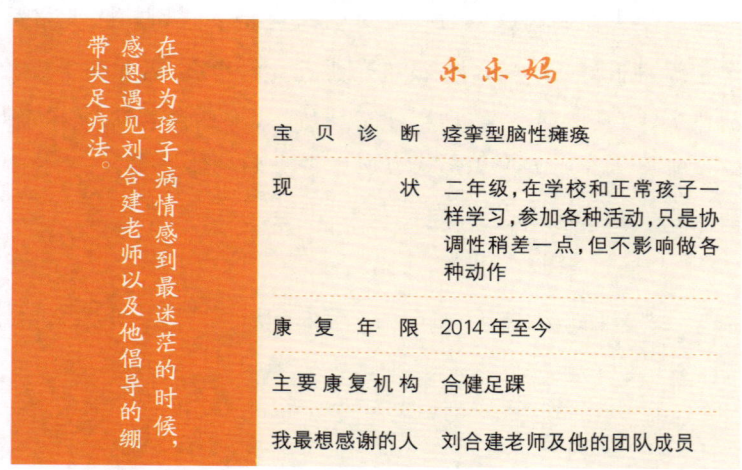

在我为孩子病情感到最迷茫的时候，感恩遇见刘合建老师以及他倡导的绷带尖足疗法。

乐乐妈

宝贝诊断	痉挛型脑性瘫痪
现　　状	二年级，在学校和正常孩子一样学习，参加各种活动，只是协调性稍差一点，但不影响做各种动作
康复年限	2014年至今
主要康复机构	合健足踝
我最想感谢的人	刘合建老师及他的团队成员

我是乐乐的妈妈，孩子因为早产，在会走路的时候发现异常。医院确诊为脑性瘫痪（痉挛型），当时主要症状就是尖足、膝反张，伴内旋。面对这样的现实，作为孩子的家长，是最不愿意看到和接受的，当时的我整个人都感觉要崩溃了……

孩子不到两岁时，便开始了漫长而又辛酸的康复之路。最先在我们本地一家康复医院接受治疗，那些日子，真可以说就是孩子的受难日。每每回想起孩子躺在按摩床上被大手"按摩"的情境，至今依然历历在目：孩子的哭声撕心裂肺，脸色发紫，两只小手因为疼痛难忍而紧紧攥着拳头，似乎这样会减轻些痛苦，嘴里求救似地喊着："妈妈，妈妈……""叔叔，轻点，轻点……"看着痛苦中的孩子，当妈的心如刀绞，但想想"孩子，现在不痛，将来更痛"，就这一简单的信念，让孩子度过了不知多少个痛苦的日子。

孩子的病也是我的心病，一有时间我就上网查询有关孩子病情的知识、信息，看有没有更好的治疗方法。在一次偶然的查阅中，我看到了"爱在路上"这样一个公益平台，从里面了解到了"绷带"治疗尖足非常有效，进而又看到了刘合建老师有关绷带疗法的一些知识和治疗原理。看后我就对绷带疗法有了特别的期望，期望"绷带"能真的给孩子带来好效果。

于是，我带着许多的疑惑和满满的期望拨通了刘老师的电话。刘老师在百忙中回复了我的咨询，告诉我，他2016年某一天将去临近的西安讲学，让我们到时候过去进一步了解。家人得知我们要去西安找刘老师给孩子打绷带后，极力反对，怕我们上当受骗。但我想即使有百分之一的希望，我也要付出百分之百的努力。

那一天，我和孩他爸领孩子到了西安见到了刘老师。第一次与刘老师见面，就被刘老师亲切的态度和不厌其烦的专业解答所感动，顿时感觉所有的疑虑都烟消云散，所剩的只是满满的期望……就这样孩子第一次打上了绷带。当时还有许多慕名而来的家长。

打上绷带后，正如刘老师所讲的，孩子虽然有些不舒服，但根本不痛苦，

孩子第一天晚上就睡得很安稳,不哭不叫,根本不影响日常走路。按刘老师的指导,七天后我们给孩子拆除了绷带,当时就迫不及待地让孩子走路。我们关注的脚跟居然真的落下了很多,步态与之前比也有了很大的改善,真是太神奇了！效果真的太好了！短短几天就有这么好的效果,而且孩子还没有太多不便与痛苦。

接着就开始第二次、第三次、第四次……一直到第八次。其间在打第三、四次绷带的时候,孩子脚跟已完全落下,后面的就是巩固期了。紧接着又让刘老师给孩子做了一双鞋垫,纠正膝内旋。

短短近两个多月的八次绷带治疗,孩子的脚跟完全落地,步态也得到很好的改善,效果真是神奇！当时就想,要是早点遇到刘老师该多好啊！刘老师真是我孩的福星啊！

脚跟落下了,正如很多家长所担心的,以后会反弹吗？我真诚地告诉大家:会的！也正如刘老师所说的,做不好后期维护与训练,肯定会反弹,因为孩子在成长发育。看着孩子脚又有些踮了,于是我们又想到了绷带,想到了刘老师。这时,我们在群里突然看到刘老师要去运城,让想给孩子看病的家长报名……看到这个通知,我们非常激动,想孩子的脚又有救了……于是在约定时间,又让刘老师给孩子打上了绷带。

在刘老师的指导与推荐下,为了更好地做好绷带拆除后的维持与训练,我们相继买了斜板、训练器、夜间管理支具。训练基本在晚上,不打绷带的时候,每天让孩子站斜板二十分钟,接着戴训练器主动勾脚训练一次,最后就是晚上睡觉时候戴夜间管理支具。就这样每天给孩子坚持训练着……

但即使这样,或许是因为家长训练不够,或方法不到位,或许孩子长得太快了……孩子的症状或多或少有反弹。我们想反弹是正常的,但家长必须尽力去干预。我们在山西,后来就一直关注着刘老师的群以及他的"足迹",只要刘老师来一次山西,我们就必定追随一次,让刘老师给打一次绷带,绝不放过一次机会……每次打上绷带后,过十五天拆除,然后继续每天坚持训练……

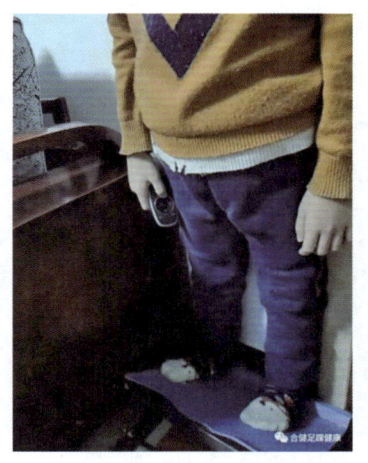 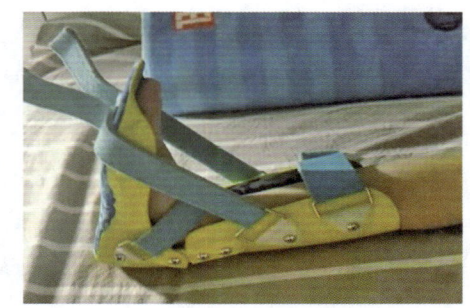

踝足矫正板(斜板)站立　　　　踝背屈支具夜间姿势管理佩戴

这不,2019年12月28日,刘老师又来太原,于是我们也来了。但这次万万没想到的是,刘老师给孩子做了一番检查后笑着对我们说:"这次不用打绷带了,孩子的脚维持得很好,步态也接近正常,回家继续维持……"听了刘老师的话,孩子当时高兴得一蹦三尺高,我们也非常激动,真没想到会得到刘老师这么高的评价与肯定。不过,刘老师,你知道吗?其实我心里特别想让你给打上绷带,因为这么棒的治疗效果已经让我有心理依赖!

刘老师邀请我们把经历分享给同病相怜的家长和可怜的孩子们,让他们能早日受益,早日康复……我想说,在茫茫人海中能遇到你这样一个好医生,是我们得到的最好礼物。

今天,我写下这段亲身的经历与真实的感受,就是想与有类似我家孩子经历的家长分享,请大家不要再对绷带的治疗效果有怀疑和忧虑,还有一定要坚持给孩子做训练,相信只要坚持,一定会有惊喜!最后再次感谢刘老师,感谢刘老师的团队,感谢团队的所有成员,你们辛苦了!我还想说,刘老师,我和孩子还会继续追寻着你。

合健足踝康复刘合建点评：痉挛是上运动神经元损伤综合征的主要表现之一，孩子尖足与脑瘫所造成的脑功能障碍有关。痉挛型脑瘫最常见的表现就是尖足，从而导致步态异常。通过高分子绷带系列来矫正只是对症治疗，由于孩子体格的发育，痉挛又会重新出现。因此，要完全解决尖足的问题，需要一个长期的康复、矫形与姿势管理的过程，终极目标是大脑通过运动学习，达到主动控制的踝背屈，建立正确的步行模式。这位家长在整个康复的三～五年时间里，一直坚持按我们的"足踝康复五步法"进行管理，定期复查，因此，最终恢复的效果非常好。这个孩子目前步态与步行能力基本无异常，已在普通学校上学。

近近第一次"站稳脚跟"

作者：仓公武

> 感谢上苍让我遇到刘老师，让宝宝没走许多康复上的弯路，让宝宝能融入班级，并且还爱上运动。加油，我们一起努力，美好的明天在等待着我们。

仓公武

患儿诊断	痉挛型脑瘫
现　　状	现年8周岁，大运动，如跑、跳、跨、蹲等尚可，行走姿势接近正常，绷带治疗后有屈膝，一年后屈膝消失，脚跟基本放到底，鞋头磨损现象基本消失
康复年限	一岁五个月开始康复至今
主要康复机构	合健足踝
我最想感谢的人	刘合建老师

　　四十岁那年在妻的劝说下，我们才想再要个孩子。那是2012年，经过各方面的孕前准备，终于心想事成。由于妻子是高龄产妇，我们一直都很谨慎，一切都按书上指导的方法来对待这个未出世的小生命。

　　事与愿违，这个小东西在她妈妈肚子里待了七个月就早早与我们见面。医生说宝宝因早产而颅内出血，预后并不乐观。措手不及的我们一下子如五雷轰顶，妻子在恐惧和不安中坐完了月子……

　　我们给孩子取名近近。近近是早产儿,而且是颅内出血,据我从资料上查知,这种情况是高危的,有不可预测的后果。小近近长得帅气可爱,他的眼神里透射出的灵气,给我们紧张的家人带来一丝慰藉。在近近出生后的五六个月里,我们一直观察着他的发育情况,生怕有什么预想的后果来临。常规体检时,发现宝宝脚踝部很紧,医生说回家掰掰就行了。我们也因为医生这句好听的、能得到安慰的话,错过了给宝宝治疗的黄金时间。

　　近近十八个月了,还不能独立站稳,十九个月才跟跄走路,走路的样子让我们心疼。这时我们紧张了,网上查相关信息,带着孩子先后跑七趟上海、两趟北京,结论是近近因早产导致跟腱短缩,需要长时间康复,四岁才可做跟腱延长术,预后不乐观。

　　之后,我们家陷入长期出入康复机构的泥潭中。近近从一开始的全程痛哭到慢慢能适应康复师日复一日的牵拉掰揿。但是直到三十四月龄了,踮脚的情况还是一直未得到明显缓解……

　　天哪,什么时候是个头啊!

　　在北京某院治疗了一段时间,近近的其他不良姿势都得到纠正,但是踮脚问题康复师也无能为力。我们家宝宝的脚跟腱太紧了,医生建议我们尝试打肉毒素。我考虑诸多因素,还是没有采用这种治疗方案,只是继续坚持给宝宝最大强度的牵掰、站板,效果甚微。

　　就在绝望无助时,我无意中在微信上看到了"爱在路上"这个由上海市第一人民医院儿童康复部主管刘合建老师创办的爱心公益平台。关注微信后得知,当年九月份在镇江中医院有一场中外著名专家的讲座和义诊。我们想,镇江距盐城也不远,抱着可以去听听的想法去了镇江中医院。在会上,我们聆听了杜青、陈文华和刘合建等专家介绍的新的儿童康复理念和技术,看到了一丝希望。

"爱在路上"平台义诊那天,我们找到刘合建老师。他为我们近近的踮足情况进行了详细的分析,给我们介绍了一种有效、经济、无副作用的高分子绷带疗法。这是一种从美国引进的经他自己改良的方法,一次治疗(打绷带)一星期,共六到八次,不易复发。我听了很兴奋,当即请刘医生给近近的双脚打上绷带。

回来后在当地康复中心,很多患儿家长对这种疗法表示质疑:"你们天南海北跑了那么多大小医院,也没见哪个医院能治好宝宝踮脚的毛病,难不成扎扎绷带花个几千块钱就能治好?"我们内心也十分忐忑。第一个星期在期待与煎熬中结束,迫不及待地给宝宝剪下绷带,用手一掰,哇!真的松了好多!赶紧把宝宝放在地上,让他光脚走,哇!脚跟真靠地了!我们夫妻俩那个激动,无法用语言描述。

后来,为了解决我们家长长途坐车、到上海高价住宿等问题,刘老师不辞辛劳,自己坐车到离我们不远的城市——南通,为我们宝宝治疗。随着一次次的绷带法治疗,近近的脚跟终于完全放下来了,他的步态也得到了改善,也比以前爱运动了。这是给我们全家的惊喜,更是给近近四岁生日的厚礼,希望他在今后的人生道路上"站稳脚跟""脚踏实地"。

看到我们家宝宝的进步,康复中心的一个小病友的妈妈也带宝宝去找刘合建老师了。在刘老师的精心治疗下,她家女儿的脚后跟也完全放下了!我又把这个好消息带给曾在一起治疗的另一位小病友妈妈,她一听说,连忙从陕西奔赴上海找刘老师。要知道,她在北京康复已花费十几万元了……

合健足踝康复刘合建点评：在脑瘫这一需要长期康复且无法"治愈"的疾病面前，家长往往容易病急乱投医，希望能找到一个治疗的"捷径"，这样反而容易走弯路。儿童康复近几年正处于快速发展期，各种新技术、新疗法也在推陈出新，家长要学习甄别信息，找到适合孩子的康复方案。因为试错的成本很高，且孩子错过了最佳康复时机后，发育是不可逆的。对于痉挛的处理，我们从最早的肌肉牵拉术到A型肉毒毒素的应用，再到创立"系列绷带法"，然后是现在的足踝康复五步法。每一次技术的突破对儿童康复来说就是一次"革命"，可以改变孩子和家庭未来的人生轨迹。作为儿童康复人，任重道远，道阻且长。

为梦想而奔跑

作者：罗书坚

生命就像那空中白色羽毛，或迎风搏击，或随风飘荡，或翱翔蓝天，或坠落深潭。

罗书坚

宝 贝 诊 断	脑瘫并精神迟滞
现 状	不能与人交流，行动不便，需要24小时大人照顾，生活不能自理
康 复 年 限	2010年康复至今
主要康复机构	现在在当地残联康复机构康复
我最想感谢的人	社会上关爱我们的人

"所谓的幸福，就是一个笨蛋爸爸，遇到一个傻瓜儿子。"与其痛苦地煎熬，不如带着他快乐奔跑。人生从不缺榜样的力量，自从多年前看到《最美的奉献》这段视频，看到激励了无数人的传奇父子迪克·贺特的故事，我就在心里埋下了奔跑的种子。我也向往带着这份精神的力量，去感动自己，去鼓励更多和小柏类似的儿童及家庭，坚强面对苦难，乐观生活，希望社会对心智障碍群体给予更多的关爱、理解和包容。

——说出你的故事

迪克父子是我们的精神榜样！他们组成的贺特二人组（Team Hoyt），在三十年中参加了包括最具有代表性的波士顿马拉松、最艰难的夏威夷铁人三项等在内的一千多场体育赛事。

2009年12月8日凌晨，小柏安静地来到我们的怀抱。出生时重度窒息造成缺氧，经抢救后住进NICU病房，一个月后才出院。回家后出现了爱哭、喂奶困难、肌张力强、大拇指内握等症状，我从网上查了各种资料，怀疑孩子得了脑瘫了。我和妻子带着小柏四处求医，都说是脑瘫的症状。

经历了漫长的思想斗争后，我做了这辈子最大胆的决定，我要坚持，我要爱他一辈子。我承诺"爸爸永远站在你身后"。因为孩子还小，我们一个月去一次杭州复诊。在医生的耐心指导下，我们回家自己给小柏做康复训练。小柏八个月大时，我们又去北京，去了好几个医院，看了很多专家。也在一个机构训练了半个月，回家就开始在残联与家里自己学着给小柏做康复。在康复的这段时间里，我陆续在网上查资料，加入了"互助希望"QQ群，得到了很多人的帮助。

小柏自六个月龄时诊断疑似脑瘫，十八个月确诊精神迟滞，两岁半出现癫痫。通过康复，第818天学会走路，因为癫痫中断康复后，有两年多症状一直控制不住。一天至少发作二十次，还经常摔跤，后脑着地。小柏不得不天天戴着安全帽，需要妈妈一刻不离的照顾，在当地残联坚持一天不落地上课。

  我是在和时间赛跑，我想通过锻炼，让自己能陪小柏走得更久。在小柏癫痫控制后，我迈出了生命中最执着的一步。

  这一切其实都在冥冥之中注定要发生。当年《最美的奉献》视频在我心里埋下的种子注定要发芽，我哥哥开始跑马拉松是个契机。我还有一个私心，是想通过跑步让小柏得到更多的关注，这样，在我离开之前也许能为小柏拼出一个不确定的未来！于是，2015年7月开始，我每天早起跑步，开始为梦想而奔跑。

  第一个马拉松地点，我选择了就近的杭州。在我为跑马名额担忧的时候，有个微信好友发来了一个链接，就是通过集赞可以获得免费参加的机会。我就在朋友圈发起了拉赞互动，朋友们纷纷支持鼓励，让我拿到了人生中的第一张马拉松入场券。我无比兴奋，第一时间告诉了小柏，希望他能和我一起完成我们的首秀。当然他什么也听不懂，只是开心地笑笑。

  小柏的笑容是我最大的宽慰，我知道他其实也向往奔跑。每当我们家门口有解放军叔叔跑过时，小柏都会有追逐的欲望，而且会很开心地笑。这也是我为什么要带他一起跑马拉松最初的愿望，我希望他开心每一天，我更希望用马拉松的艰辛，让他明白坚持是多么重要。一辈子究竟有多长？对我这样"奔四"的人，可能还有三十到四十年；可对于儿子来说，还有那么多时间！所以我想带他跑遍世界，让他去看各个地方的风景，去体验各种不可能，让他来到这世界上不留遗憾！

  杭马我们来了！虽然只是个7公里"小马"，但我们无比兴奋！那天早晨，起跑集结，下起了小雨，我为小柏穿上了雨披。枪响！起跑，我们穿梭在人群中，小柏激动不已。不时有人为我们点赞，为我们加油，一路上我们收获很多赞美的眼神！让我们更加坚信这世界是美好的！马上要到终点了，我大声地和小柏说："小柏加油，小柏我们是最棒的！"

体验了首马后,我发觉我爱上了这项运动。这是一项充满挑战,不会有歧视,能接受很多赞美,能激励和影响身边的人。更多的是我被自己感动,为小柏能坚持下来而感动!感动自己,是为了更好地坚持。

"生命就像那空中白色羽毛,或迎风搏击,或随风飘荡,或翱翔蓝天,或坠落深渊……"

在我们一起跑完了小马(7公里)、半马(21.095公里)、全马(42.195公里)后,我发现这个运动除了能感动自己,还能影响别人!正是这份精神力量让我们强大,我也想带着这份力量去影响更多人,去激励那些困苦的家庭。我和小柏只是一滴水,但是我们想做那滴能激起浪花的水,能让更多的水滴加入我们。

我后来制作了一批T恤,召集了身边有爱心的跑友。再接下来的马拉松赛场,大家都会见到一抹蓝色,蓝色代表包容与理解,正面是星星微笑"你的微笑很美丽",反面是"关注心智障碍群体"。我穿着这蓝色T恤,陆续和小柏一起在2016年跑完了兰州、北京、上海、杭州、广州、厦门六个全程马拉松,还带着小柏参加了三个半程马拉松以及三个公益五公里跑。

这一路上的艰辛与汗水终不负,我们收获了许多友善的目光和真诚的微笑以及爱心人士的帮助，也引起了许多媒体的关注，包括《人民日报》《China Daily》《钱江晚报》《中国日报》，浙江卫视、北京卫视、残疾人杂志《三月风》，以及网络媒体每日人物、腾讯、新浪等主流媒体报道。我希望用我的行动让社会关注和关爱这样一个特殊的群体，让他们融入社会不再有阻力。

有人问我奔跑时考虑过小柏的感受吗？有人问我你一年跑这么多不用上班吗？有人问我你这样跑步累吗？有人问……现在我告诉你，我每天都在工作。我也很累，但这不是我停下来的理由。我开始奔跑是为了感动自己，鼓励自己，锻炼自己，为了能更好地坚持。后来通过奔跑，我觉得还可以做些有意义的事。人需要精神力量的支持，所以我会一直奔跑到老！

2015年6月的一天，我原来并不喜欢跑步的弟弟突然跟我说，他准备推着侄子小柏去参加马拉松。他想用这样一种方式，告诉身边所有的人，也告诉自己，他准备用一生的时间来完成这场爱的马拉松。后来的事实证明，弟弟的想法不是说说而已，他克服种种困难，参加了一个又一个的马拉松。而爱好马拉松的我，也有幸与他一起推着小柏，跑在各个城市的马拉松赛道上。

在跑马拉松的过程中，弟弟并不是为跑而跑，他对待侄子就像正常的孩子，喂吃的喝的、换纸尿裤……无微不至地照顾着孩子，细心地观察侄子的表现。虽然侄子可能听不懂他在说什么，他还是一路鼓励着侄子，为他加油，也为自己加油。每当跑完了马拉松，他会高兴地把奖牌挂到小柏的脖子上，因为这奖牌是属于他们俩的，这胜利也是属于他们俩的。

我越来越觉得，马拉松改变了弟弟，他变得更勤奋，更有毅力，也更有爱心。因为马拉松，他结识了一些做公益的朋友，并义无反顾地投入了公益活动。每次跑步，他都会穿上他自己定做的那件印有"关注星星的孩子"的T恤，组织更多的跑友为孩子加油，让更多的人关注到脑瘫、自闭症儿童群体。后来，他还积极为西藏的孩子们募捐，鼓励更多的人一起关注残障儿童，甚至准备组织一个爱心跑团，让更多人参与到公益活动中来。

弟弟对马拉松的热爱甚至超过了我,只要有机会,他从不放弃参加马拉松的机会,全国各地地跑。对于他而言,无论是经济上还是精力上,跑马拉松的困难可能比任何一个人都要多。因为他是一名快递员,工作很忙,休息时间很少,可只要有时间,他就在家乡的田野里和大山上进行跑步训练。他的收入也不高,而每一次出去跑马拉松,总要有一笔不小的开销,但他节衣缩食,就是为了让自己和侄子,可以尽情地奔跑下去。他不在乎自己是不是太另类,也忍受了许多的不理解和风言风语,但他跑马拉松的精神,和他对侄子的爱一样,是纯粹的。如果说侄子的不幸对他来说是一种挑战,他则用跑马拉松的行动来证明,他可以迎接这种挑战,把人生的种种不幸远远地抛在后面。

合健足踝康复刘合建点评:小柏因出生时重度窒息而导致脑瘫(手足徐动型)、难治性癫痫。目前虽已十二周岁,能步行,但生活不能自理,大小便不能控制,流涎,易摔倒,无自我保护意识,严重认知障碍,感知觉异常。在医疗上主要以药物控制癫痫发作,在康复上很难有突破性的改善,但家长对孩子一直不离不弃,乐观面对,让人动容。小柏爸爸这么多年在生活的重压下还坚持带孩子去看"更大世界",以马拉松的形式跑过了全国很多的城市,其中的艰辛只有自己能体会。而他讲"我只想让孩子开心一点",小柏一起"奔跑"的过程中很开心,这就够了。小柏父亲是我工作生涯中接触到的很多积极乐观、坚强隐忍的家长中的一员,我经常被他们的这种精神所感动。他们为了孩子调整了自己的人生方向,为了孩子、家庭作出了巨大的牺牲;他们从不被生活所击垮,勇敢面对疾病对个人、家庭、生活所带来的打击。愿爱伴随孩子一路成长,精神的光芒照耀更多的家庭勇敢前行。

从新疆到山东的漫漫康复路

作者：贝贝妈

希望天下的"折翼天使"都能够被温柔以待。

贝贝妈

宝 贝 诊 断	脑瘫
现　　　　状	独立上学
康 复 年 限	2015～2010 年
主 要 康 复 机 构	临沂圣博康复医院
我最想感谢的人	社会上所有关爱我们的人

当一个妈妈，孕育小生命的时候纵然紧张不安，却更多的是幸福；当一个妈妈，最感到身心解脱，一定是听到孩子第一声响亮的啼哭时；当一个妈妈，看到孩子稚嫩的脸蛋，她柔软的内心，肯定祈祷孩子能够健康地成长。

但等待我的不是幸福和解脱……

2015年8月，贝贝，我的宝贝提前两个月来到我们的身边，全家沉浸在幸福之中。但是很快我们便发现，孩子总是每天哭闹，喂养困难。初为人父为人母的我们，只是简单地以为早产孩子比较难带，没有重视。好不容易熬过三个月，孩子的头始终无法抬起，怀着不安的心情我们带孩子去了医院检查。医生检查后告知，我们孩子发育有点迟缓，但是不要紧，慢慢地会有好转。正是因为这句话，我们错失了孩子的黄金康复时期。

每一天，我们都期盼着贝贝能够和其他孩子一样健康成长，但是别的孩子六个月时都会坐了，贝贝还不会翻身；别的孩子八个月都开始爬了，贝贝却浑身没有力气，连坐都不能，更不提爬行。

怀着忐忑不安的心情，我们带着孩子又去了医院，医生给的诊断就是发育迟缓。我们按照医生的嘱托给他做家庭康复，按摩、翻身、爬行，一遍又一遍，一天又一天。每一天我们都盼着有奇迹发生，但是天不遂人愿，贝贝一岁半了还是不会说话，不会站立。心急如焚的我们带着他去了更大更权威的医院，当做完一系列的检查和评估后，医生递给我一张薄薄的诊断书：脑瘫。

这两个字像晴天霹雳一样砸在我的身上，我差一点就站立不住。医生在旁边说的话，我用尽了全身的力气才有勇气去听：无法自理，需要终身照顾……这几句话炸得我眼泪夺眶而出，老天爷啊，这是为什么啊？我的孩子，这么小，这么可爱，你为什么对他这么不公啊？如果可以替代，我宁愿生病的是我，只祈求孩子能够健康平安地长大。医生的话又像一盆凉水将我浇醒：贝贝需要去做康复，刻不容缓，越早做，康复的效果越好，只要不放弃，孩子也是有希望康复的！

随后近两年的时间内,我和孩子的爷爷、奶奶、爸爸,不断奔走于各大医院,为孩子做康复,希望孩子能尽早康复。遗憾的是,很多医院实在是盛名之下其实难副,孩子的治疗一直没有取得良好的效果。就在我们全家人身心俱疲、茫然无措的时候,2017年年底,经过好友介绍,我和家人知道了圣博康复医院。怀着最后的一丝希望,我们全家千里迢迢,从新疆来到山东为孩子做康复。医院的王晓东院长给孩子做了全方位的检查,根据贝贝的身体状况制定了详细的康复方案。仅仅第一阶段的治疗,从孩子的眼神、肢体动作中,我便看到了明显的进步。"坚持下去",这个曾经无数次被我放弃的信念,又一次如星火燎原般,在我的内心剧烈燃烧起来。

刚来医院的时候,康复治疗师王波老师就告诉我:姐,你们大老远从外地来,很不容易,只要是需要我的地方,您说一声,我立马到。泪水瞬间模糊了双眼,这两年,我们带着孩子,去了无数的医院,见了无数的医生,可是却从来没有得到过一句问候,更没有一个医生像王波老师这样体恤我们家长的难处。第一次来到临沂,第一次来到圣博,我和孩子便切身感受到了圣博的专业,还有温暖。贝贝妈妈,我带孩子上课了,你歇息一会;贝贝妈妈,孩子拉屎了,我给清理干净了,快拿条裤子过来;贝贝妈妈,最近孩子进步有点慢,我想和您一起调整一下孩子的方案……一句句朴实的话语,一声声殷切的关怀,温暖着我冰冷的心,让我庆幸这次终于来对了地方。

经过王院长和老师们的悉心治疗,不到半年,贝贝会站了,从几秒钟到几分钟,十几分钟;八个月后的某一天,在老师的鼓励下,贝贝摇摇晃晃地,一步一步地走着扑到我的怀里。旁边的老师也由衷地开心:贝贝好样的,你会走了,快亲亲妈妈……那一刻,喜悦的泪水夺眶而出。慢慢地,贝贝走得越来越好,现在看他可以同正常孩子一样欢笑、一样走路,又有谁能相信,当初医生告诉我们,贝贝可能只能在轮椅上度过一生。

在贝贝的康复期间,我亲眼目睹了王院长的医者仁心,看到了王院长为了让无数患儿早日康复,日日夜夜苦思良策,凡事亲力亲为、务求实效。在王院长团队的不懈努力和苦苦追求下，我看到了无数被打上"终身残疾""放弃治疗"烙印的患儿走向"正常"孩子的轨迹。我深刻感受到了圣博康复医院这几个字的由来，我想，他们是秉承着圣人的博大胸襟和崇高情操，帮助那些折翼的天使重新飞翔起来的吧！

经过四年的治疗，贝贝的成长与进步清晰可见。有一天，王院长亲口告诉我，贝贝已经康复，可以毕业（出院）了。我们可以带着贝贝回老家去上学了！那一刻，作为母亲，我又忍不住哭了，这是开心的泪水、感恩的泪水。

临沂圣博康复医院王晓东院长点评：非常感谢家长的信任和选择，新疆到临沂不远千里，一切都是为了孩子，家长才舍家撇业背井离乡，我们真的无法感同身受，唯有用心做好专业，让孩子早日康复好，才是对家长最好的回报。通过康复无论这个过程多么漫长和艰难，最后看到孩子可以脱离机构，回归正常的生活，无论家长还是我们治疗师感觉所有的付出都是值得。有一句话贴在我们医院的墙上，也烙印在我们圣博人的心里，这句话说的是，这一路我们迫不得已的相遇，希望你们足够勇敢，我们足够温暖。现在孩子已经回归正常，开启新的篇章，祝愿孩子越来越好。

我的六一，我的宝贝们

作者：心意（笔名）

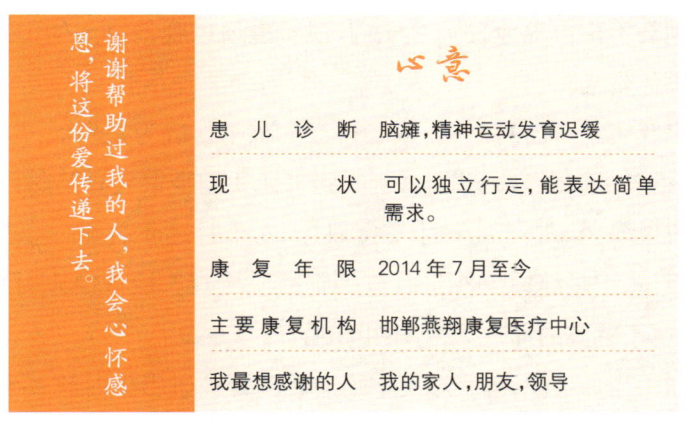

谢谢帮助过我的人，我会心怀感恩，将这份爱传递下去。

患 儿 诊 断	脑瘫，精神运动发育迟缓
现　　　　状	可以独立行走，能表达简单需求。
康 复 年 限	2014年7月至今
主要康复机构	邯郸燕翔康复医疗中心
我最想感谢的人	我的家人，朋友，领导

　　我是六一的妈妈。我的孩子六一出生时曾出现过脑部缺氧的症状，且囟门边缘存在小枣般大的鼓包。一周岁时不能独站，不能有意识地叫妈妈。医生诊断为：脑瘫/精神运动发育迟缓。随即我们开始了住院治疗，之后到康复机构进行物理治疗并且接受培智课程安排。与此同时，我和家人带着孩子参加有关康复和培智的各种论坛、讲座，由于我是一名特教老师，也会经常到外地进行专业培训。六一经过康复训练，现在不仅可以独立行走，还可以有意识地叫爸爸、妈妈，用一两个字表达自己的需求。

——说出你的故事

回首往事,曾经天真烂漫、无忧无虑的我,每天身边围绕着一群活泼可爱的孩子。这些活泼可爱的孩子会吵着老师讲故事,会挑选自己喜爱的玩具和同伴高高兴兴玩,还会在有人受伤时安慰他人。但是,我注意到这些孩子当中也有几个不爱说话、不会沟通交流的,是被叫做"孤独星星"的孩子。每当课间所有的孩子在一起玩耍时,"星星"们就显得格外安静,特殊教育毕业的我则会不由自主地去关注他们,很希望通过我的努力使"星星"们能尽快融入集体生活。

后来我有了自己的家庭,有了自己的孩子。因为是"六一"儿童节出生的,我们给孩子取名"六一"。六一的到来让我们全家人喜笑颜开,然而欢乐气氛并没过多久,六一五个月才会翻身,六个月还不会坐,这是怎么回事?我害怕极了,于是辞掉工作带着孩子到医院检查。检查结束时儿科医生说"孩子是属于憨实的那一类型,不用担心。"

虽然医生那么说,可我总是不踏实。因为孩子出生时缺氧了,头顶囟门处还有一个包。当时医生说慢慢会吸收,没什么大碍,但我仔细想想总觉得不妙。带着心里的疑虑,我查阅了书籍和网上的一些资料,了解到一些最新育儿知识,结合自己的特教经验,就找医生,在安全的范围内为六一输营养脑神经药物。同时我开始在家里给孩子做抚触,按照宝宝发育标准训练六一,还带六一去游泳馆游泳。

我的付出有了收获。六一渐渐地可以独坐、左右手倒着玩玩具、开始咿咿呀呀地跟着我发音。在这里,我要特别感谢我的婆婆悉心照顾我和六一,让我在生活无忧的环境中专心治疗六一。

转眼六一一岁半了,眼看同龄的宝宝都会走了,我的六一还不会四肢

爬,只是能靠墙站一会儿;人家的宝宝可以叫爸爸妈妈,六一还只是无意识地发音"妈妈妈妈"。我急了、哭了,更怕了!有种不好的预感缠绕着我。我们急匆匆地带上六一来到北京某医院检查,医生确诊为脑瘫!我当时就崩溃了。

我的世界陷入黑暗。六一的声音是甜甜的,六一的小笑脸是甜甜的,六一软软的身体也是甜甜的,但这些都深深地刺痛着我的心。每每看到六一,我都忍不住泪流满面,心中充满了自责与愤怒。我气自己没能给孩子健康的身体,我都做了什么?老天,我究竟是做错了什么,要这样惩罚我的孩子!家人都安慰我,"六一会好的,会好的。"也许是听得久了,我心里也萌生了这样的想法"对!六一会好的,会好的!"我应该做些什么,不能这样坐以待毙下去。

孩子爸爸对我不离不弃,在我消沉的这段日子里从未离开我,耐心地开导我,让我在这黑暗的世界里感受到一丝光亮。婆婆也给予我内心强大的支持,帮我捋清思绪,使我重拾信心,脑海里浮现出六一高高兴兴去上学的画面。对!我应该站起来,带着孩子走出去。

我们全家商量出每个人的分工:爷爷要照顾久病的老奶奶,孩子爸爸要外出挣钱,所以孩子爸爸和奶奶一人一个月,帮我一起给孩子到处康复。在家人的大力支持下,我们正式踏上了六一的康复之路。我们带六一住院吸高压氧、做功能训练,曾经做过特殊教育教师的我没有想到这是那么的煎熬!我带着孩子走到哪里都会成为别人眼里的特殊人物,异样的目光和并无恶意的刨根问底都会刺痛我的心。

六一每天的训练强度很大,不仅孩子痛哭流涕,我也是汗水泪水浸湿衣衫。婆婆那么大年纪,还得跟着我为六一东奔西跑,腰疼的毛病不知犯了多少回,仍然咬牙坚持着。多少次,我实在看不下去,就劝婆婆回家休息休息,婆婆却说:"孩子爸爸在外打工不在你们身边,我实在放心不下!"

不知不觉孩子已经两岁了,慢慢地可以俯爬了,并且可以拉着手向前走。这让我很欣慰:孩子的不足是可以通过不断训练得到改善的。我坚信

只要运用科学方法加上坚持不懈的努力,孩子将来一定会好起来的!

六一在残联的帮助下来到一个康复机构康复训练,同时因为我所学专业对口,机构为了帮助我减轻经济负担,给我安排了一份工作,成为这里的一名特教老师。我爱我的学生,因为自己有特殊的孩子,才深知那些孩子需要什么,也更加知道孩子们的家长需要做些什么。看着孩子们喜欢上我的课,我的个训能让这些孩子由开口发音到说词、说句,我内心非常激动,莫名地有种归属感。同时六一也在不断地进步着,从能独自走路到有意识地叫爸爸妈妈,再到说拜拜等礼貌用语,还可以用要与不要表达自己的简单想法。这些从无到有的变化让我开心至极,感到世界开始有了光明。

时光荏苒,半年过去了,就在我对工作越来越痴爱的时候,我突然发现六一不再进步。他的脾气越来越不好,慢慢与我的期望背道而驰。我意识到自己对六一的关心是越来越少了,此时内心非常纠结:再次放弃工作?那些孩子们该怎么办?在特教行业师资匮乏的现在,离开也不是我乐意的决定。那我的孩子该如何解救呢?这些问题像水开了一样在我心头不停地冒着泡。每当我回到家里想给六一"加作业"时,却因孩子的不配合而感到生气和苦恼。多少次压制不住内心的无奈和焦急向六一发火,过后又后悔自责。

细心的老公看出了我的心事,我们彻夜长谈。他说:"坚持把简单的事情做好就是不简单,坚持把平凡的事情做好就是不平凡。所谓成功,就是在平凡中做出不平凡的坚持。我们要做的就是再坚持坚持!"我很受鼓舞,重拾信心。在以后的日子里,我们全家通过讲座、论坛共同学习新的育儿理念,开始从孩子的心理需求入手,给予适当的关注。我们陪六一游戏,共同完成学校布置的作业;我们一起去逛公园,引导六一和院子里的小朋友玩;鼓励六一独立完成力所能及的事情,如小便、脱鞋、脱袜子、脱衣服、吃饭等。我们大家统一教育观念,帮助六一养成良好的生活习惯。

经过反复不断的练习,六一逐渐可以自己拿勺子吃小馒头了。之后我们尝试让六一用勺子吃米饭,最后六一可以用勺子喝汤了。这个过程中,六一会把饭菜弄得哪儿都是,也会撒汤,爱干净的婆婆不但没有怨言,还为六一的进步感到高兴!六一在发音方面也进步很快。婆婆总是在六一耳边说着六一看到的一切,爸爸无论再忙也会配合我们玩"叫人游戏":六一只要叫爸爸,爸爸就出现在六一面前,婆婆也是很高兴地和六一玩这个游戏。六一很喜欢小动物,我们不但给六一看动物图片教他认识动物,还带他到动物园去看真的小动物。这样日子久了,六一可以发出好多音,词汇量也丰富起来了。每每大家庭聚在一起时,听着六一叫大家的称呼,看着六一为大家表演舞蹈《小猪吃得饱饱》,大家开心极了!就好像看见了晨曦中的太阳东升,让我心里暖暖的,对六一的未来充满了希望,对工作也充满了信心。

我很欣赏这样一句话:只有经历过地狱般的折磨,才有征服天堂的力量。只有流过血的手指才能弹出世间的绝唱!人生中天真烂漫、无忧无虑的生活是短暂的,但是我和六一,以及身边的这些孩子们会在经历风雨后看见最美丽的彩虹!我要在这条爱的路上踏实地走好每一步,为了我自己的孩子,也为了更多的孩子。

邯郸燕翔康复医疗中心王清江治疗师点评:这篇文章从一个脑瘫伴有发育迟缓的患儿妈妈的角度概述了小六一出生前、出生后及发现小六一发病后的心路历程,也讲述了在小六一治疗道路上全家的辛苦和付出。可以说在特殊孩子里,小六一是幸运的,因为他有一个特教专业毕业的妈妈,还有一个支持妈妈行动的好家庭。真诚地希望那些有特殊孩子的家庭,尤其是那些听到诊断后不知所措、无助的父母们能借鉴小六一一家的方法,积极配合治疗,节约时间,少走弯路,正确引导孩子进行康复训练。让我们这些可爱的折翼小天使们能够早日康复,并且健康茁壮地成长!

冠军来得太突然

作者：英国奶爸（笔名）

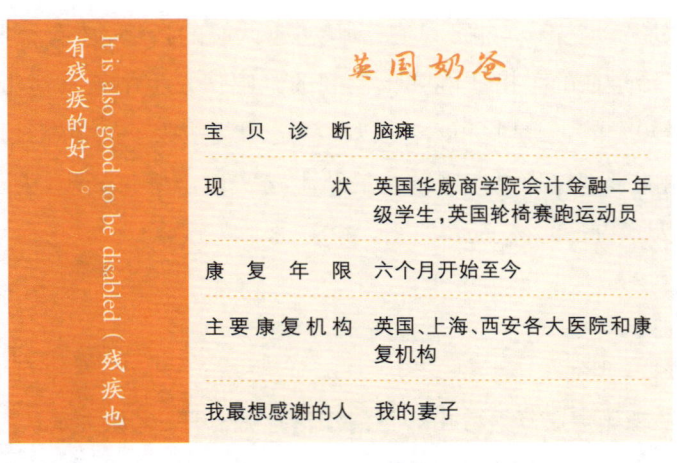

有残疾的好）。It is also good to be disabled（残疾也

英国奶爸	
宝贝诊断	脑瘫
现　　状	英国华威商学院会计金融二年级学生，英国轮椅赛跑运动员
康复年限	六个月开始至今
主要康复机构	英国、上海、西安各大医院和康复机构
我最想感谢的人	我的妻子

  子恩2001年岁末出生于英国，双下肢痉挛型脑瘫。2015年底，他自己发现在附近的大学运动场有个轮椅赛跑训练俱乐部，并向我们提出，是否可以去试试。我们带他去试了几次，他一下子爱上了轮椅赛跑。参加轮椅赛跑训练四个多月，他参加2016年伦敦马拉松比赛，获得14岁以下少年组轮椅赛跑迷你马拉松比赛的冠军。子恩训练积极刻苦，2017年，他在所有项目上都进入了英国前十名。

冠军来得太突然

2016年4月24日，星期日上午八点半。这是一幅特殊的画面，我一生中头一回看到这么多阳光少年同时坐在轮椅上，整装待发。他们正准备参加世界著名的伦敦马拉松比赛！三英里的迷你马拉松轮椅比赛将于八点四十五分开始。根据组委会的安排，奶爸奶妈和其他监护人此时要跟着领航车前往终点，在那里等待这些小伙伴。

所经路线万人空巷，这在伦敦是十分罕见的。我们的汽车开得并不是很顺利，领航车也不是很熟悉路线。路上，我跟奶妈说，子恩第一次参加大型比赛，输赢不重要，能安全到达并积累些比赛经验就足矣。我嘴上说得冠冕堂皇，心里也认定他这次来只是个陪练。来伦敦之前的系列训练，5 000米最好成绩长达23分38秒，根本登不上"大雅之堂"。

汽车七拐八拐过了半小时才到指定的地方停下，我们急匆匆通过所有的安检奔去了终点。终点就在白金汉宫前的马路上。看看时间，离官方出发时间差不多过了20分钟，我想子恩也差不多快到了。我们在终点焦急地等着冲刺的小朋友们，寻找跟子恩同一组别的蓝色衣服。好不容易来了一个小朋友，我迫不及待地问："你是第一名吗？前面有没有人？"那孩子对着我摇摇头……正在这时，一位工作人员走过来告诉我："你儿子到了，在媒体中心呢！"接着，他抬手指给方向。我和奶妈相互看了一眼，心里好像在问："你确信没看错人吗？我们是中国人面孔啊！"工作人员看出我们的犹豫，补了一句："他在休息，你们赶快过去吧！"

我们三步并作两步走，来到临时搭建的媒体中心和休息室。透过玻璃窗，远远看到子恩四处寻找的眼睛。他向我们挥挥手，四目相对时，他脸上略带笑容，两只小手的食指向我同时竖了一下。我进门来到子恩身边，弯下

腰在他脸上亲了一口说了句"Very well done",问他今天是不是比平时快了、什么时候到的、感觉如何等。

子恩告诉我他的时间为 17 分 42 秒(官方为 17 分 46 秒),这成绩比个人最好成绩提高了近 6 分钟!接下来,我问:"拿名次了吗?前面几个人?"他瞪大眼睛,压低声音告诉我:"我第一名。"

我跟奶奶都不敢相信自己的耳朵,但看他满脸镇定自若,完全摸不着头脑,不知道发生什么事情。他拉近我,继续用中文说:"爸爸,我不想太高兴,旁边这个孩子从爱尔兰乘飞机来比赛的。比我小两岁,他跟我同时到终点,但裁判判我胜出。他真的很优秀,一直跟着我,最后一百米还超过我了,我只是在最后告诉自己一定要拼命,冲刺的那一刻,领先几个英寸而已。"

这就是冠军吗?没有香槟,没有尖叫,没有兴奋,但我为子恩的体恤、成熟和稳重感到欣慰。随即,我马上去跟第二名那个名叫安德鲁的小孩打了招呼,祝贺他,邀他跟子恩合影留念。

是的,子恩胜出了!他今天超常发挥,他就是伦敦 2016 年 14 岁以下少年轮椅迷你马拉松男子冠军。接下来,媒体中心通知获奖的小朋友们接受BBC 采访。采访结束后,又接到通知,哈利王子十点钟左右来给他们颁奖!

获奖的少年们被带往终点处搭建的准备间,每人发了一件红色衣服静候王子的到来。工作人员邀请家长到房间的另一边喝点东西、吃点点心,一起等候。然后,家长被安排在栅栏外面观礼,孩子们则进入马路上的空旷地。就在我们张望的时候,哈里王子"从天而降",他面带笑容,跟同行的人边走边聊,走到预先安排的颁奖处。

栅栏外面的父母虽然占据了最有利的地形,但在我们和孩子中间还是涌出无数"炮手",他们站着、半蹲着、跪着、趴着……我只好瞅准空隙,快快拍几张照片。尽管咫尺之间,我只能像个偷窥者,看到哈利拿起奖杯,跟子恩握手,跟子恩寒暄,蹲下身,右手搭在子恩肩上跟孩子合影。

颁奖典礼就这样结束了,我们跟同一个俱乐部的另一个冠军凯莉的家庭一起去附近酒吧小坐。凯莉爸爸问子恩,王子跟你说啥了?子恩说:"他向我问好,并且问我整个比赛是不是很开心……"凯莉爸爸又说:"你为啥不问他什么时候结婚?全世界都在等着这个答案呢!"一句话,把大家都逗乐了。没多久,远在中国的朋友在英国皇室的官方推特上,发现子恩和哈利王子的合影上了头条。

在英国,我们住在乡下,很少有机会来伦敦,本想借着子恩比赛的机会,一家到伦敦逛一下。就在比赛前几天,毛毛来电说作业太多,不能前往伦敦为子恩加油。一家四人行,成了"锵锵三人行"。朋友们知道子恩到伦敦参赛后,竟然从四面八方进城,准备给子恩加完油后一起去中国城搓一顿,满足一下中国胃。那天,奶爸奶妈都没有看到子恩比赛的现场,专程来看子恩的朋友更没有机会了,但小镇上的几位朋友却从电视上看到子恩比赛,看到颁奖实况。

夺冠之后,子恩备受鼓励,一下子进入了更加紧张的训练中。每周三次,他会准时出现在运动场,每次进行为时两小时的高强度训练。除此以外,他还参加轮椅篮球、游泳、自行车和健身房力量训练。他的目标是2020年代表英国国家队参加东京的残奥会。一年来,子恩在轮椅赛跑上取得很大的进步,学习上也节节攀登新的高度,所有的科目都远远高于平均成绩,在学校属于上游。

子恩获得冠军,对我们来说是一种惊喜。回想起来,我觉得他的夺冠是上天对他、对我们的一种奖赏——如果当初发现子恩脑瘫时,我没有及时作出为孩子、为家庭决然牺牲自己的职业生涯;如果我们望着襁褓中的孩子每天怨天尤人;如果夫妻在面对家庭和育儿困境时选择分手;如果我们把让孩子行走作为"天职";如果我满心自卑,怕人讥笑,剥夺对孩子"社会性"的培养;如果以"脑瘫"为理由,处处过于保护、所有的事情都由父母亲力亲为、不忍心看孩子"苦苦挣扎"……

回顾以往,我满心感恩。我们把"脑瘫"看成一种缺陷,没有因此沉沦,我们完全接受了脑瘫,并在养育孩子的过程中找到了自己的位置。展望未来,我们更是满怀希望。这是一个连麻雀都不会饿死的世界,我虽无腾飞的翅膀去四处觅食,但我相信,只要心存谦卑感恩,上天必赐我生存的机会。

我们和子恩一起,站在新的起跑线上,迎接着每一个新的一天、新的开始。

海南医学院第一附属医院陈太衡治疗师点评: 2006年我在上海工作时,是子恩的治疗师,英国奶爸是我的朋友,也是我最尊重的前辈和人生导师。我一路见证了英国奶爸的付出和子恩的成长。后来我回到海南工作,也承担了海南医学院《人体发育学》的教学任务,更能理解什么是儿童发育和"人"这个物种。人在其他大型动物面前是处于劣势的,但人学会了利用工具,克服了各种自然环境的困厄,战胜了大型动物。脑瘫的病灶在大脑,康复是没法"治愈"脑瘫的,真正的康复是利用孩子的残存功能和潜在的能力,教会孩子利用工具克服不利的社会环境,提高生活能力以及参与社会活动的能力。子恩不会走路,但他利用轮椅这个工具达到了出行的目的,也利用轮椅参加了体育活动,体现了自我价值……子恩没有什么"不正常",他就是一个很正常的人!

选择坚强因为爱

口述：任菲莉

执笔：蒋毅

> 我觉得我一直生活和工作在一种和谐温暖的环境中，如果没有大家的理解和支持，我坚持不到今天。

任菲莉

宝贝诊断	痉挛型脑性瘫痪
现　　状	读完了小学四年级的课程，大毛能正常地读书写字，小毛识字相对差很多，只能简单地识字和写字。二人能正常与人交流，会电脑操作、玩微信，现做微商代理
康复年限	从一岁七个月开始
我最想感谢的人	孩子的外婆外公

我曾经有一个温馨的家，一对可爱的小公主。不幸的是，女儿们出生后的第二天，因早产加保温箱断电等原因，被诊断为"新生儿硬皮症"。经过22天的治疗，女儿们总算痊愈出院了，但万万没有想到会留下后遗症。随着女儿们一天天长大，孩子的发育状态明显落后于正常儿童。一岁七个月时，两个女儿仍不会站立，后经几家省级医院确诊为"痉挛型脑性瘫痪"。这意味着一对女儿将是下肢残疾儿，无情的事实一下子让我从幸福的顶点跌到了谷底。

我把二十多年来从谷底奋力往上攀登的经历浓缩在这里，一路走来，是父母、同事和领导的支持才有了我的今天、在我感到迷茫的时候，他们鼓励我，在我遇到困难的时候他们用我能接受的方式来帮助我……

从确诊这一天起,我就带着一对患脑瘫的双胞胎女儿开始了艰辛而又漫长的求医之路。心里一直期待着奇迹能够出现,一家人能幸福、快乐地生活着。然而现实总是那么残酷,将最后的一点希望都击得粉碎。更为冷酷的是,经过三年多时间的治疗,我的丈夫见孩子一次又一次的治疗效果甚微,绝望到了极点,最终因经不起拖累选择了退缩,离开了这个需要共渡难关的家。

丈夫的狠心离去对我来说是一个沉重的打击。在灾难面前,男人强大的臂膀总能给女人一种宁静、安全的感觉。每一个女人都希望自己心爱的男人陪着自己一起战胜灾难,哪怕给自己一个温暖的拥抱,然而这些却变成了遥不可及的残酷现实。痛苦、难堪、失落,当时我的精神几乎就要崩溃,很多人认为我也许会一时想不开而发疯。

值得庆幸的是,我虽然失去了婚姻,但是还没有失去自我。我强迫自己接受残酷的现实,用理智控制和调整着自己的情绪,以一种更加坚韧、自信、温暖的心对待生活。当时我想,我一定不能倒,我倒下,我的一双女儿该怎么活?

为了给女儿治病,28年来,我独自带着孩子七上北京、二上青岛、二下广州,跑过十几家医院。1991年,在北京求医时,为了尽量节省有限的治疗费用,不得不与女儿一起租住在离市中心较远的石景山区某居民小区的地下室。每次带女儿外出看病时,都要先坐公交车到苹果园地铁站,然后再转乘公交车到医院。特别是每次坐地铁,进出都要爬很高的台阶,女儿不能走,只能背。因孩子患的是痉挛型的脑瘫,背着时女儿的双腿都不能自然分开,直直地并着,当一步一挪艰难地背着女儿爬完台阶时,经常精疲力竭全身是汗。但是背上女儿沉甸甸的重量让我明白,为了康复必须重新振作,一步步走下去。

1995年,女儿在北京动手术。手术后为了更方便地照顾孩子,我七天七夜没上床睡觉,一直守护在女儿的身边。帮孩子翻身、接大小便,累了也只是趴在床边稍作休息。这是我的女儿,再苦再累我也心甘情愿。

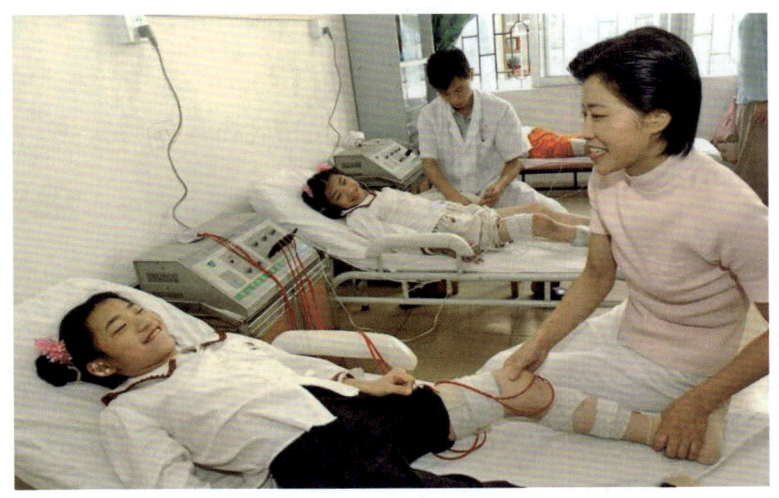

为了让女儿们学会说话,我口对口一个字、一个字地教女儿学发音;因为女儿们的手不灵活,1、2、3的3写了半年才写成;为了让女儿像健康孩子一样受教育,一有空我就教她们语文、数学等基础课,竟然还教会了女儿计算机的操作。大女儿不但能读书、写字,会简单的英语对话,还能熟练地操作电脑,做一些简单的网络维护工作。

孩子们不能站立和行走是我心中永远的痛。但功夫不负有心人,2003年,大女儿实现了站立起来的梦想,那一刻我幸福得泪流满面,泪水都觉得是甜的。我就想,这么多年都坚持过来了,这么多苦和累都经历过了,一定要坚持再坚持,但愿将来有一天,一双女儿都能站立起来,并能够独立行走。

二十多年来,我把所有的节假日和工作之余的全部精力都放在两个患脑瘫的女儿身上。为了尽量做到不让患脑瘫的女儿与社会隔绝,2001年3月我带着一对女儿参加了湖南经视举办的"瞧!这E家子网上家庭秀"的网

络比赛，并取得了第三名的好成绩。通过这次比赛，两个脑瘫孩子坦然地接受了公众的目光，感受到了残疾人也能平等参与社会。也就是通过这次比赛，孩子们变得越来越开朗和自信。

现在我还在扶助一对女儿做微商，开微店，每天为女儿们代言，希望她们能够早日成为真正自食其力的人。

2010年5月，在湖南省残疾人福利基金会的支持下，我发起和成立了主要用于帮助脑瘫孩子康复的"仁爱基金"，已首批资助了十名脑瘫孩子进行康复治疗。2014年5月还帮助一位聋儿顺利申请到了免费人工耳蜗安装手术，从此这个孩子告别了无声的世界。

我深知，只有更好地工作，才能为女儿提供治疗的经济保障。2003年通过考试和职称考核，我成为了国防科技大学唯一的一位女性高级会计师。为了不影响工作和更好地照顾孩子，我专门请了两个保姆，白天由保姆照顾孩子，晚上下班回家后我再照顾两个女儿。这样合理的安排使我白天可以全身心地扑到工作上，从来没有因为孩子的事影响工作。

后来我被评为了"全国道德模范""中国十大杰出母亲"，2015年还被评为"全国先进工作者"。这一系列荣誉下，其实首先我是一名母亲，我爱我的女儿,为了她们能健康成长,我愿意为她们做任何事情。现在除了对女儿的爱,我还想用自己微薄的力量去帮助其他的人,希望他们在走我曾经走过的路时,不要那么辛苦。

湘雅博爱康复医院蒋毅主治医师点评:人生路上有的境遇真的难以预料,可是在我碰到任菲莉和这对女孩后,我真正震惊了。两个可爱的小女孩好懂礼貌,姐姐更是爱说爱笑。除了身体不便,你所看见的就是两个二十多岁的漂亮女孩子。任菲莉这位伟大母亲,一丝不乱的头发,得体大方时髦的着装,苗条的身段,让你完全想不到她经历过怎样的曲折、常人难以克服的困难与艰辛。我不知道是什么让这一家人在经历了风雨的洗礼后,还能如此生机勃勃,充满着积极向上的能量,如向日葵般灿烂!我想是伟大的爱吧,是无怨无悔的母爱,是新时代女性对自己人生负责的爱,普照了任菲莉这一家人。

我和"小蜗牛"的故事

作者：周誉恒姥姥

（根据中国台湾地区作家张文亮《别让孩子成为一只流泪的蜗牛》改编）

正确的康复理念、方法，坚持不懈，才能成就孩子的希望和明天。

周誉恒姥姥

患儿诊断	痉挛型脑瘫，肢体残疾二级，智力残疾二级
现　　状	能在监护下完成短距离移动和生活问题的自我处理，能与人进行一般性对话与交流
康复年限	从出生后八十天开始全面康复训练
主要康复机构	Neurolife 国际（惠州）康复中心
我最想感谢的人	Neurolife 国际（惠州）康复中心董明程老师和团队

她是一位六十多岁的姥姥，却不输任何一位年轻妈妈！爱学习、时尚、敢做、敢拼、肯付出，她做什么像什么！她说过："如果是战争年代，我就是黄继光、邱少云、刘胡兰"。为了家庭和孩子，她一人揽下孙子的康复重任，带着孙子走北闯南康复十余年。为了孩子康复，她克服各种困难，学习新事物，学习康复专业知识，从运动到认知、从奥尔夫音乐到蒙台梭利教育……她会经常跟治疗师探讨康复问题，鼓励帮助其他家长改变康复思路和调整心态。她给予新治疗师充分的信任，帮助他们成长。她知道只有治疗师进步了，才能帮助更多的孩子康复！

她是一位非常伟大的姥姥，不管遇到多大的困难，她都能及时调整自己，她永远是那么的积极向上，那么的无私。她就像黑暗之中的一束光，照亮自己和周围的人。

上帝赐我一只小蜗牛，
我捧着他当宝贝，
他好小哦，小得让人心疼。

带他去散步吧，
让他领略生命的风景！
哦，原来这是上帝给我的一个任务，
叫我牵一只蜗牛去散步。

我不能走太快，蜗牛已经尽力爬，
可每次总是那么一点点、一点点……

我催它，我唬它，我责备它，
蜗牛用抱歉的眼光看着我，
仿佛说："对不起，妈妈，人家已经尽力了嘛！"

我拉它，我扯它，有时甚至想踢它，
蜗牛用迷茫的眼神看着我，
仿佛说："妈妈，我做错了什么？"

蜗牛受了伤，它流着汗，喘着气，使劲向前爬，
他仿佛是在用行动问我，
"妈妈，我棒不棒啊！"

看着非常努力的小蜗牛,我的心真的好痛好痛啊!
真奇怪,
为什么上帝叫我牵这样一只蜗牛去散步?
"上帝啊!这是为什么?"
天上一片安静……

好吧!我的蜗牛宝贝,既然是散步,
我们一起慢慢向前走吧!

别急别急,这条小路有些崎岖不平,
莫慌莫慌,前面就是我们想去的地方,
不怕不怕,妈妈就在你的身旁。

宝贝,你闻到了吗?
这是花园里飘来的花香……

我和"小蜗牛"的故事

宝贝你听到了吗？

这是虫鸣，那是鸟叫，还有池塘里的青蛙在歌唱……

宝贝你看到了吗？

你看那满天的星斗多么靓丽……

宝贝你吃过了吗？

这是水果，那是蔬菜，各种美食美味你都要尝尝……

宝贝你感受到了吗？

爱你的人很多很多，就像和煦的阳光，温暖着我们的心房！

谢谢你，妈妈！

一个柔弱的声音在我耳边响起，

瞬间……

感动、满足、快乐像海浪般，

在我心中激荡……

咦？

我以前怎么没有这般细腻而幸福的体会？

哦，我明白了，

是我的蜗牛宝贝在牵着我散步。

谢谢你了，我的小蜗牛，

是你的努力让我感动！

是你的点滴前进让我欣喜若狂！

是你的成长让我幸福无比！

是你的到来让我领略了生命的力量！

Neurolife国际(惠州)康复中心董明程主任点评:在我十六年的儿童康复生涯中,见过了许许多多的特殊儿童家庭,每个家庭都非常不易,他们都做着同一件事,那就是带着孩子康复。在康复的路上他们各自都有着他们的故事,"小蜗牛"的姥姥是我见过最能干、最坚强的人,也是我最佩服的人。因为你可以看见她身上是有"光"的,她不仅在照亮自己,她还在照亮一同康复的战友,同时还帮我们的治疗师点亮自己!

"小蜗牛"初次评估时的表现:不能独站及行走,双上肢肩、肘关节伸展不足,核心控制较差,双下肢屈髋屈膝,双踝关节尖足伴随足弓塌陷,扁平外翻足。

康复目标:近期解决尖足,促进站立稳定;远期室内独立移动自己,完成生活半自理;

给予康复计划,运用足踝康复5步法加综合康复治疗(推拿、PT、OT、ST、感统)。经过三个月的康复后,"小蜗牛"可以扶持两根体操棒移动一段距离;康复五个月后可以独立行走七八步的距离,康复十一个月后可以独立行走三十步。现今,"小蜗牛"可以实现室内自由移动,生活半自理,在看护下实现社区短距离的自由移动,前往便利店购买零食。

第四幕

我在路上，携你前行

我们是治疗师，

我们小心地、慢慢地、一步一个脚印地前进着。

也曾困惑过,也曾疲惫过,也曾迷茫过,也曾挫折过,

还好,

每个治疗师都有自己的收获,每个小孩都有力量,

也彼此借力互相支撑。

这力量是深深的爱,

它化作动力伴我们前行,

去不断认识自己,超越自己,改变自己,收获自己!

"浑身乱动"的花花能生活自理了

作者：冯尚英

> 康复的路需要我们的技术和耐心去铺垫，更需要家长的精心护理去保驾。

冯尚英

单　　位　济南市儿童医院康复科

专　　长　作业治疗，小儿推拿

从业年限　10年

花花，女孩，出生时有缺氧史，一岁多时有过治疗，但因体弱多病中断两年多。三岁八个月来我们康复中心治疗，患儿难以用意志控制全身性不自主运动，颜面肌肉、发音和构音器官受累，常伴有流涎，咀嚼及吞咽困难，语言障碍；当进行有意识、有目的运动时表现为不自主、不协调和无效的运动增多，不随意运动扩延至全身，安静时不随意运动消失。头部控制差，与躯干分离动作困难，难以实现以体轴为中心的正中位姿势运动模式。原始反射持续存在并通常反应强烈，尤以非对称性紧张性颈反射姿势为显著特征，呈现非对称性，头及躯干背屈姿势。由于上肢的动摇不定，可使躯干和下肢失去平衡，容易摔倒，坐位保持不稳。智商高，有较好的理解能力。性格开朗，热情，但高度紧张，怕刺激，诊断为脑瘫。

——说出你的故事

花花刚来我们中心的时候,已经三岁八个月,长得特别漂亮,也非常可爱。经过了解病史,小姑娘没有坚持系统康复,非常可惜。但是家长走了几千里,抛下家里的小弟弟,再出来给孩子康复的精神是值得佩服的。

经过初步评估,我告知花花妈妈家庭康复方面的手法和注意事项。花花在旁边就露出了笑脸,后来妈妈告诉我,这也是她们坚持在我们这里康复的原因之一,之前在别的康复机构孩子哭闹得厉害。另一个原因,孩子智力挺好,她觉得,我找出了她上肢的问题,我让她右手不朝后放,这点她很高兴。

根据花花不随意运动病型的主要问题,我以居中对称、以静制动为大原则。每天训练期间,把患儿放进矫正椅里,并且用三个90度要求患儿坐好,髋关节用矫正带绑住。通过利用玩具的趣味性,在被动的情况下带动患儿的双上肢做居中对称的动作。让患儿家长扶住头部,并且保持居中位的情况下做进食训练和工具的操作训练。每节课下来,我和花花还有她妈妈都会感到很疲倦。经过一个疗程的训练后,我又给花花进行了评估,进步效果不明显。所以,我的方案需要改变。

我考虑到,花花的侧弯反射亢进,躯干立直反射受到影响,从而颈立直反射也是存在缺失的。第一步,利用5分钟的时间,刺激腰背部的华佗夹脊34穴。根据侧弯的程度,侧弯角度大的一侧用力轻些,相反方向的一侧力度用得重些,从而保持脊柱在中立位上。第二步,利用主动—辅助的方法,引导花花玩"大变小"的游戏,同时告诉花花,首先要两只手都在胸前才能做这个游戏,让花花意识到要自己去调节想做的动作,我辅助她完成,并且及时纠正她的异常姿势,做得好的地方随时语言鼓励强化。每节课花花都很努

力，我和妈妈就没有那么累了。一个疗程后，又进行了评估，FMFM测评，进步最好的方面得分比以前高出近10分，左手能搭三块积木做小火车的车厢啦！左右手能在右侧腋前线处托住最大号套圈。这些让花花和妈妈都比较高兴。但是，离自理的目标还差很多啊！我的方案需要进一步做出改进。

通过作业疗法，保持正常姿势和促进上肢功能的发育这两方面，我已经在训练过程中实施。通过评估后，在新的一疗程里我决定增加促进感觉、知觉运动功能的发育和本体感觉的输入，言语刺激的指令，加压法，动作出现的时间顺序等训练内容。我和花花进行了一次沟通，她已经很配合我了，但是在本体刺激方面需要语言指令、视觉刺激的配合，牵引和挤压，牵伸等手法时的放松配合，才能达到预想的效果。

刚开始的实施效果并不理想，花花经常就是反指令地去做，往往是紧张得更厉害，不对称的姿势更明显。我一度想停止治疗方案，但是不去挖掘花花的潜能，永远就发现不了她的奇迹。我又一次和花花妈妈进行了沟通，并告知这个过程的难度，重新进行了家庭康复的指导。并且在训练的过程中增加了讲故事和过家家的游戏，增加了花花的兴趣。

一个疗程下来，我制定的双手在锁骨中线处抱方木的目标没有达到。我对训练的目标进行了重审，找出了原因是方木太小，双上肢居中姿势还是问题。但是，其他家长普遍反馈，花花比以前进步啦！两只手在胸前的时候多啦！妈妈抱起来时，不像以前总是趴妈妈身上啦！两只手搭在妈妈肩上的时间多了。妈妈说她左手可以拿火腿肠吃，可以拿毛巾擦擦脸啦！这些信息给妈妈增强了信心，同时也给我带来了动力，我的努力得到了认可，我意识到，生活自理方面的进步是个巨大的挑战。

魏国荣教授带墨尔本皇家医院专家来我们医院指导工作的时候，看到了我给花花的训练，他们觉得花花的进步很意外。因为，花花的情况比较重，我通过以任务导向为目标，把平时的训练安排分类，并带到设定的目标中，以患儿的主动和每个动作的分解演示，获得了专家的好评。

——说出你的故事

　　由于花花的右侧上肢症状重于左侧上肢，在写字方面受到困扰，我咨询专家，想获得一些国外相关的好办法。专家建议我训练花花用左手写字，但我想，汉字在字形方面就是比较适合右手写。于是，我试着让本子倾斜45度角，去纠正视觉方面的影响。虽然目前也不理想，但我还是决定用右侧手去练习，这也是我以后要努力的方向。

　　在对花花的训练过程中，我也学到了不少知识，尤其是在不随意运动类型孩子的康复方面。康复是一个团队的努力，康复的过程是康复中心和家庭康复的合作。康复的路上，需要我们和家长和患儿共同前行，需要我们的爱去铺垫，需要我们的技术去解决，需要我们医患互相沟通，彼此信任。

摆脱死神后不说不笑的小智宇

作者：孙伟铭

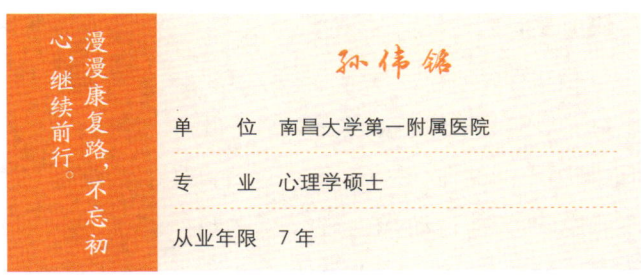

漫漫康复路，不忘初心，继续前行。

单　　位	南昌大学第一附属医院
专　　业	心理学硕士
从业年限	7年

2015年4月4日，一场严重的交通事故，死神不仅带走了三个人的生命，更让一位年仅六岁的小男孩身受重伤。他全身多处骨折，其中肋骨全部断裂，颅内出血，奄奄一息。车祸后的道路上满是鲜血，小男孩作为唯一幸存的人，承载着在场所有人的希望。而小男孩也顺应了所有人的心愿，经过大家与死神的殊死搏斗和漫长的康复之路，最终被抢救成功，并恢复了健康。

——说出你的故事

经过医生的极力抢救,小智宇终于从死神手里逃脱,恢复了意识。可是,小智宇颅内出血,多处骨折,想要过正常孩子的生活,前路困难重重,必须进行康复。为了以后可以和正常孩子一样,小智宇于2015年10月初进入我们康复科。当工作人员得知小智宇失去亲人,几经波折才从死神手里逃出来,大家都为小智宇的坚强、为其他人的大爱而感动,都决心尽自己所能让小智宇尽快康复起来,找回曾经的灿烂笑容。

小智宇每天早起需要进行高压氧治疗。由于颅内出血,导致脑水肿、酸中毒,并加重脑组织的缺血、缺氧,所以,进行高压氧治疗是必需的。此时的小智宇还不能说话,不能行动,望着他茫然的眼神,我们感到十分心疼。

接下来要进行针灸及推拿治疗。针灸具有疏通经路、运行气血、调和阴阳的作用;而推拿能够协调肌群间的运动,增加肌肉血流量。之后,就要进行物理治疗,包括红外偏振光治疗、超声波治疗、超短波治疗。物理治疗是最重要的康复治疗技术之一,可以改善血液循环,增强免疫功能。小智宇的情况,还需要神经肌肉电刺激疗法、经皮神经电刺激疗法以及肌电生物反馈疗法,还有石蜡疗法。

康复治疗除了物理治疗,运动治疗也十分重要。对多处骨折且昏迷两个月的小智宇来说,运动治疗更是重要。骨折愈合是一个复杂的过程,受血供、力学环境等多种因素的影响,不同的治疗方法和不同部位的骨折愈合过程各有特点。小智宇全身多处骨折加上肋骨全部断裂,康复困难重重。

骨折的治疗包括整合、固定以及功能锻炼。而我们康复的运动治疗主要是指功能锻炼,包括肌力训练、步态训练、关节活动训练等。运动治疗可以让小智宇不用整天躺在病床上,可以试着走路,对于小智宇的康复以及日

后正常生活十分必要。

一个多月后,小智宇除了接受上述治疗,又增加了言语治疗。

小智宇由于颅内出血造成失语症,一个六岁的孩子,不仅要承受身体上的疼痛,甚至不能用语言表达自己的感受,我相信小智宇内心是孤独难受的。

为了让小智宇开口讲话,我们使用了各种言语治疗技术,但是效果都不是很好。如使用Schuell刺激促进法,利用强的听觉刺激、适当的语言刺激、多途径的语言刺激、反复利用感觉刺激,并利用刺激引出反应,正确反应要强化以及矫正刺激。但是,可能小智宇年龄过小,产生抵触情绪。

除此之外,也进行了语音训练、听力理解训练、口语表达训练、阅读理解及朗读训练,但是小智宇也只能说几个字,很难和人流利对话。

作为小智宇的治疗师,我们心里充满了焦急、失落。大家都想让这个在死神手里逃脱的幸运男孩开口说话,但是治疗效果却差强人意。到底是哪里出现了问题,该用的治疗技术都用了,为什么小智宇的治疗情况还是不好呢?

经过全力的治疗和康复,小智宇的身体总算是进入了稳定期,各项生理指标都趋向正常,肢体功能也逐渐恢复。但是,经历巨大磨难过后的小智宇,变得性格内向,情绪忧郁。他很少笑,更少说话,根据治疗师和医生们的诊断,有必要进行心理治疗。作为心理治疗师的我,承担起了这份责任。

小智宇只有六岁,对于这场灾祸的心理承受能力还太弱;失去了父亲,母亲又到处奔波,他最需要的是关怀;在康复过程中,所要承受的疼痛也需要缓解与发泄;不能和正常孩子一样玩耍、上学,内心的孤独、疑虑都需要我们去注意。所以,在小智宇恢复康复过程中,心理治疗必不可少。

从小智宇的日常行为、眼神等方面,我意识到他可能对自己的遭遇已经存在很大的心理阴影。第一天,我试着以一个朋友的身份接近他,"你好,你认识我吗?"我摸摸他的肩膀,笑着和他说。果然,对于不太熟悉的我,他急

忙向一旁躲闪，表现出紧张焦急的神色，嘴里喃喃地发出声音，但谁也听不清他说了些什么。

见此情景，我赶紧把手撤了回来，意识到要换别的方式。作业治疗室里有各种各样的玩具，我们把他领来了这里。我拿起木铃锤，在木铃上敲出简单的旋律，本来在一旁玩耍的小智宇被清脆的声音吸引了过来。他站在桌子边，目不转睛地看着木铃，时不时伸出手试探着，想摸摸这有趣的东西。我把木铃锤递向他，他看了看我，然后接过我手中的小锤。尽管敲不出任何旋律，但小智宇却陶醉在其中，暂时从抑郁中走了出来。趁着这个好机会，我开始和小智宇套近乎，"这个玩具好玩不？""嗯！"这次小智宇终于发出第一个清晰的字。是时候引导他进入更深层次的心理治疗了，于是我继续问道："我还有一些更加有趣的游戏，你愿意和我一起玩吗？"他摇摇头，继续沉浸在手中的玩具里，看来今天的心理评估又无从开始了……

心理治疗第十天，阳光暖人。和昨天一样，我来到小智宇的床前，想要和他套近乎。可是昨天的基础好像全部都归零，他依旧像以前那样，情绪低落，不说不笑。我们再次把他领到了作业治疗室，看到木铃，他便径直走了过去，拿起铃锤敲击。如果再如以前一样，让小智宇沉浸于木铃，那我们的心理评估将仍旧难以入手。我想，既然小智宇如此喜欢这个小玩具，不如将它作为奖励，借鉴代币制行为疗法，也许能够使得小智宇有应答应。

我们"残忍"地把小智宇最喜欢的小木铃没收了。他并没有号啕大哭，而是一个人默默地走开，面无表情，但内心应该十分沮丧。我走到他跟前和他"交涉"："智宇，是不是很喜欢这个玩具呀？我们打算把他奖励给你，但是你和我们一起玩。我会提一些问题，都有一、二、三、四、五几个选项，你选第几个就敲几下木铃，好不好？"也许是太钟爱这个玩具，他立刻点头答应了。于是我使用心理症状自评量表，开始询问："你会不会有的时候头疼？是——一，从来没有呢，还是——二，偶尔，三，经常，四，比较严重，五、严重？"只听小智宇连续敲了三下木铃，我也在量表上记录了下来。接下来的八十九道题，都按照同样的方式顺利完成了。棒！

症状自评量表(SCL-90)共有九十道问题,通过分析可以看出,小智宇的心理障碍主要表现为对身体的隐约不适,存在人际交往的障碍,并有严重的焦虑和恐惧心理。对此,我决定制定一套系统的心理康复方案,改善小智宇的心理状况。

即使小智宇经受了常人没有的苦难,但他终究只是个六岁的孩子。一大早,我就带着礼物去找小智宇,这个礼物就是沙盘。沙盘游戏是目前国际上十分流行的心理治疗方法,广泛用于儿童的心理教育和心理治疗。当我把沙盘放到小智宇的面前,看到了小智宇眼睛里的亮光,我就知道,这一次的治疗会有很大突破。

我拉着小智宇的手说:"这个是属于你的,你可以用它做任何你想做的东西。我们聪明的小智宇想要做什么呢?"小智宇松开我的手,向沙盘走去,用小手在沙盘里创造着一个个的小人物、小房子。看到小智宇玩得开心,我说不出的高兴。游戏结束之后,小智宇被带去休息,我开始研究小智宇的沙盘——他制作的小房子,房子旁边的三个人:爸爸、妈妈和小孩子。

失去爸爸的小智宇,心里有多难过啊!听说了小智宇的遭遇之后,骨六病区全体护士、骨科团支部一方面号召爱心人士捐赠书籍,安排帮扶群成员利用休息时间为小智宇读故事书;另一方面,继续咨询专业语言康复师,希望他可以得到专业的训练,可以尽快开口说话。

小智宇接受心理治疗两个月后,可以笑着和人打招呼了。

现在的小智宇已经出院了。听说,小智宇现在很开心,和小伙伴们一起上学,一起玩耍,甚至帮他的妈妈做一些家务。虽然小智宇的父亲走了,但是,他还有许许多多关心他的人。我相信,小智宇以后一定可以很成功,因为他是在爱的灌溉下重生、成长的。

源源不断的支持和陪伴

作者：代蕊、尚文静
审校：刘芸

爱与珍惜当下的时光。	**代蕊、尚文静**
	单　位　昆明市儿童医院康复科
	专　业　康复治疗师
	从业年限　2018年至今

2011年2月7日，对于罗家来说，是注定不平凡的日子。这一天罗家迎来了新的生命，罗爸爸为儿子取名"子安"，寓意着平安健康。几年后，子安有了一个可爱的妹妹，一家四口，组合成了一个"好"字。父母工作稳定，儿子女儿健康幸福成长，对于一个家庭来说，是一件幸福又圆满的事情。充实的日子给了罗爸爸奔头，要努力工作，赚更多的钱，让这个家庭更加幸福。这期间，唯一的遗憾大概是子安三岁的时候说话依然不太清晰。

源源不断的支持和陪伴

罗爸爸带子安到当地的医院就诊，随后做了舌系带手术，而子安的语言发育仍然没有太大的进展。庆幸的是子安顺利进入了幼儿园，开始了人生的第一次角色转换。他渐渐开始尝试适应幼儿园的生活，开始学习穿衣服、交朋友、遵守课堂纪律，一起和小朋友们玩耍嬉戏。

但每次玩耍时，子安总是会不经意地摔跤，经常身上青一块紫一块。爸爸妈妈并没有放在心上，心想或许还是太小了，慢慢长大就会好啦。可这一切都被细心的幼儿园老师观察到了，老师还发现子安的记忆力和认知能力好像落后同龄小朋友很多。同班的小朋友在教学后很快便掌握了，可是子安需要好长时间才能学会其他小朋友所掌握的一半。教会他的东西，没过多久就忘记了。除了记忆力出现明显落后，更为关键的是在认知上出现了明显的差别。其他小朋友回家会告诉爸爸妈妈幼儿园学了什么，玩了什么，可是子安回到家中，总是说不出个所以然。

老师的担忧开始唤醒了罗爸罗妈，他们最终决定带子安去大医院看看。辗转于各大医院的子安，做了不计其数的检查、评估。可以说，三～五岁的日子，子安和爸爸都是在寻医问药的路途中。从"孤独症"到"精神发育迟滞"，从"脑瘫"到"代谢病"，不停地看诊和治疗，虽然路途遥远，父母依旧是满心期待。时间一天天过去，始终没有一家医院给出一个明确的诊断。无论父母怎么努力，就感觉杯水车薪。仿佛前面有一座巨大的冰山将子安与父母隔开了，罗爸罗妈用尽了全身的光芒，却怎么也无法融化这座冰山，将阳光带给子安。

由于经常摔跤，子安在五岁时把头磕破了，遵医嘱做了影像学检查，意

——说出你的故事

外发现子安小脑半球体积缩小。这一次,罗爸爸带着子安来到了昆明市儿童医院康复科。在康复科医师一系列循证筛查和判断后,借助精准的基因检测,子安最终被确诊为神经元蜡样脂质褐质沉积症(芬兰型)。

该病是一组进行性加重的神经系统变性病,儿童期发病者占多数,最早可于出生后七八个月时发病。各年龄发病症状略有不同,有的开始出现注意力不集中和运动的笨拙,而后出现智能发育迟缓、视力丧失、共济失调、肌阵挛、难治性癫痫和痴呆等。这是一个临床表现进行性加重,并且一般生命有限的疾病。

显然这样的结果超出了这个家庭的接受能力,当医生将疾病情况细致讲解时,子安的爸爸妈妈茫然不知所措,流下了痛苦的泪水。他们想要给予子安美好的童年,想要陪着子安健康长大,想要和子安一起做很多很多开心愉快的事情,但这简单的期望,现在似乎变得很奢侈。

与此同时,这个诊断结果引起了科室的高度重视,在科主任的带领下即刻成立了一个以子安为中心的专业化康复团队。我们从全人观理念出发,利用ICF框架为子安搭建一个全新的治疗模式,摒弃了对身体结构及功能的执念;从子安的个人层面出发再结合已有的环境支持,大力挖掘子安在活动与参与层面的潜能,让他尽可能参与到他需要或想要参与的活动中,从生物—社会—心理模式提供了全方位的医学人文支持。

就这样,团队同子安父母共同制定了以延缓病情进展,享受高质量、快乐生活为原则的康复目标,同时设置了符合子安情况的个性化、游戏化的康复诊疗方案。这一次的住院,子安在我们康复科再次感受到了孩童该有的快乐,这份快乐同样给罗爸罗妈带来了长久压力下的释放。出院后,他们遵从团队的建议,带子安回到家乡继续家庭康复。

在子安回到家的一周后,我们的康复团队也出发了,跋山涉水来到了子安的家乡。这是为什么呢?因为对于子安来说,想要更好地获得活动与参与,还有一座大山没有推倒,那就是环境因素中的负性成分。因此,康复团队对子安的所有生活环境,包括家庭、社区、幼儿园、残联等进行了现场评

估,在分析了环境的各种利弊后,对每一个环境都进行了相应的指导,帮助他们发挥出能给予子安的最大支持,为子安父母消除了最后一道障碍。

为了让其家人更加安心,康复科团队还为子安的妹妹免费进行了基因检测。庆幸的是,子安妹妹没有问题。

子安的故事告诉我们,康复治疗不像外科以手术一刀切掉不要的组织,也不像内科用药物等待它在体内的半衰期,康复更多的是源源不断的支持与陪伴。

康复科团队和子安的故事还在继续……

他们是患儿，也是老师

作者：王丽娜

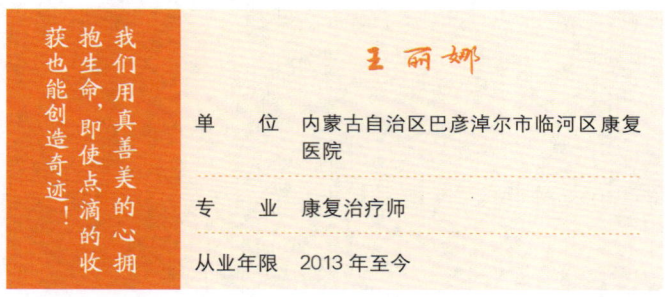

我们用真善美的心拥抱生命，即使点滴的收获也能创造奇迹！

王丽娜

单　位　内蒙古自治区巴彦淖尔市临河区康复医院

专　业　康复治疗师

从业年限　2013年至今

  还记得刚学康复的时候，大家就像无头苍蝇，并不知道康复干什么，以后如何就业。内蒙古地区的康复发展不是很好，各个医院不是没有康复科就是康复科特别小，所以上了大学就做好了失业的准备。大学毕业来到现在的工作单位，接触小儿脑瘫康复，因为学的是成人康复，所以感觉陌生。有人说成人康复和儿童康复也没啥大区别，我却觉得儿童康复更加注意细节，注重发育顺序，而成人很少考虑这些。在接触小儿脑瘫康复之前，我听见小朋友的哭声心就慌，连抱小孩儿也不会。同学问我在医院做点什么，我说给脑性瘫痪的小朋友做康复治疗，同学会说：哄小孩儿的？我无言以对。接着就有人问：那脑性瘫痪的小孩儿，是不是就是智障啊？再一次无言以对，我完全进入了一个自己迷茫、别人糊涂的异次元。

他们是患儿，也是老师

从事康复这几年，首先最苦恼的就是肌张力高这个世界难题。由于肌张力高，内收肌紧张，患儿呈现剪刀步态；小腿三头肌张力高，出现尖足。各种肌肉的张力高，人们都说要降低张力、反复牵拉。但张力高的小朋友休息一晚上，或者两三天，又恢复了前几天高张力的状态。有些孩子踝关节反复牵拉后变得松弛不稳，治疗师也会因为长期牵拉，使自己的手腕出现拉伤。

对于高张力引起的尖足，足内外翻还可以通过支具进行矫正，虽然不能完全好转，但是有效。后来，我在外地进修的时候接触到了肌内效贴扎技术，这种技术可以把治疗效果带回家，使小朋友的肌张力高问题得到了有效的解决。

一些认知差的小朋友配合程度差，特别是在四点位爬行时，由于注意力不集中，对外界无反应，对任何事物都不感兴趣，玩具、吃的都不管用。所以只能是两个治疗师配合，教孩子爬行训练，但是由于不是小朋友主动运动，所以效果相对比较差。

除了对这类孩子进行认知训练外，我们会进行感统训练，通过感觉、听觉的接触，会对孩子的认知有所帮助。孩子接触多，运动区域大了，自然而然的认知会有所改善。另外，如果一些孩子在某些机构基础打得不好就练习行走，走起来异常的姿势会很多，以至于后期难以纠正。有些孩子姿势异常比较多，我个人有时候很难全面分析出来，这是在工作中的一大缺陷，所以还得向有经验的老师请教。不同的孩子症状不同，也许出现多重症状的组合，几乎很难找到情况相同的孩子，所以要因人而异制订训练计划，所以作为康复治疗师我还要学更多。

做儿童康复这几年最大的收获就是越来越有耐心，也许是因为自己也

在一天天成长,同时也喜欢上了被人依赖的感觉。每天看见自己的小朋友会情不自禁地亲上几口,经常做的梦也是某个小朋友会走路了,竟然会在梦里高兴得醒来。

当然孩子的成长除了治疗师的努力外,不可缺少的是一个家庭的努力和付出。最让我记忆犹新的是这样一个小朋友,我们都叫她黑妹。黑妹天生就黑黑的,有一种吸引人的魅力,谁见了谁喜欢她。这个小朋友在北京被诊断为脑性瘫痪合并孤独症谱系障碍,与其他孩子相比比较特别。

黑妹初来时,四肢肌张力低,肌力低,头控尚可,能够独自翻身,能够从仰卧位向坐位转换,坐位平衡(+),无法独自爬行、站立、行走,对外界反应差,无法与人交流,生活不能自理。经过一段时间的治疗,黑妹能够四点位爬行,独立行走,立位平衡二级,协调能力略差,对外界稍有反应,表现出刻板行为,情绪波动比较大,时而大笑,时而大哭,或者尖叫、碰头、打自己。

这种自残的行为很难纠正,再加上刻板行为明显,父母的努力又成了泡影。孩子父亲坚持不懈,虽然因孩子每晚哭闹无法睡个好觉,仍然坚持治疗。然而,我只是个物理治疗师,对孩子的这些异常症状束手无策,而物理治疗只有在患儿平静时才能顺利进行。我真心希望,未来对孤独症谱系障碍有更好的治疗方法,使这些孩子能像正常孩子一样生活。

这几年通过给孩子训练,自己也积累了一点经验,逐渐认识到其实孩子们是我们最好的老师。

说起老师,有一个非常重要的老师不得不说——"爱在路上"儿童康复公益平台。这个平台有来自全国的康复治疗师,有一些有经验的前辈,每周四晚上八点半的课堂也让我这个新人收获颇多。从各位老师那里学到了更深层次的知识、新的理念和治疗技术。在平台上,我结识了一些新朋友,可以向有经验的老师请教,真的感谢这个平台。

这几年,我的家乡大草原的康复事业也发展得越来越好,越来越多的人意识到了康复的重要性。我们科的病人比往年多了许多,我们成立了自己的康复医院,也有很多患者慕名而来。在我们治疗师的努力之下,很多患者都能够生活自理。我也从一个懵懂的康复学生,变成一名热爱康复事业的治疗师。

我还很年轻,需要去学习很多东西,需要去充实自己。希望未来的自己能够对康复有更好的认识,也希望康复医学能像其他学科一样有更好的发展。

永远六岁的昆明星宝

作者：邹卓、王静

审校：刘芸

不忘初心，伴你前行。

邹卓、王静

单　　位	昆明市儿童医院康复科
专　　业	康复医学与理疗学
从业年限	2020年至今

　　这是一个真实的故事。那时的我还在读研究生，在一个四季如春的城市学习一门叫做"儿童康复医学"的学科。我的导师是昆明市儿童医院康复科的主任，她常说这是一个温暖的学科。起初我并没有在意，而这个故事的发生，让我真切地感受到了它的温度。

永远六岁的昆明星宝

2017年的夏末秋初,一声响亮的婴儿啼哭回响在产房,星宝在父母的期待中出生了。然而,没人会想到星宝的一生会如此短暂。

在父母的呵护下,星宝慢慢学会了抬头、翻身、独坐,学会了叫"爸爸、妈妈"。她不知道,在她第一次翻身、第一次自己坐稳、第一次叫出"爸爸、妈妈"的时候,爸爸妈妈有多开心。他们把星宝的乖巧、星宝的淘气,甚至连星宝尿了几次床……点点滴滴都记录了下来,打算等宝贝长大了,说给她听。

星宝一岁半了,可是还不能自己走路。或许,是我们平时保护得太多?妈妈心里想。因为除了不会走路,星宝会说很多话,会跟他们玩游戏,会自己乱画,虽然不太看得出来画的是什么,但这个年龄的宝贝也有她自己的想法。

慢慢地,星宝两岁了,可是星宝的发育好像停了下来,一团乌云笼罩着这个家庭。妈妈慌了,跟爸爸商量以后,决定带孩子去医院看看。多番辗转后,来到了我们的团队——昆明市儿童医院康复科,这是一个他们从未注意过的学科,原来小孩子也需要做康复。医生看过星宝后,发现宝贝的双下肢肌张力是增高的,又是以运动发育落后为主,因此建议做了一个头颅磁共振检查,结果提示脑损伤的改变。结合星宝有早产的病史,医生告诉父母,星宝的病情考虑与脑损伤有关,可以采取积极的康复介入,然后根据星宝的病情动态地边观察、边治疗,及时调整方案。

不过令人疑惑的是,星宝的出生除了早产并没有其他的危险因素,头颅磁共振检查的结果似乎并不能与星宝的病史和临床表现完全对应。而且,一岁以前星宝的发育是正常的,这些在医生的心里埋下了担忧,叮嘱父母一定要定期复诊,嘱咐治疗师密切观察宝贝的临床表现。

经过一段时间康复科治疗师的悉心治疗和指导，妈妈的紧张、自责缓解了一些。她心想，只要坚持康复训练，星宝一定能好起来。然而，这团乌云似乎并没有散开，反而越来越厚。

康复治疗的坚持并不容易，星宝总是在哭。一开始还能做完治疗，后来星宝的情绪越来越差。作为儿童康复医学科，我们倡导的是宝贝的"快乐康复"，星宝的情况让我们不得不暂停治疗，寻找星宝情绪变差的原因。但星宝的情绪并没有因为暂停治疗而好转，总是要妈妈抱着才能安静下来，妈妈和爸爸也越来越焦虑。

有一天，星宝摔倒了。妈妈正在厨房做饭，突然听见了客厅传来的哭声，妈妈以为星宝又开始烦躁哭闹了。走到客厅才看见从沙发跌落到地上的星宝，她吓了一跳，赶快抱起星宝，检查哪里受了伤。还好，星宝没有明显的外伤。那有没有摔到头？想到这里，妈妈立即联系爸爸一起带星宝去了医院，并没有发现颅脑外伤。

虽然星宝这次摔倒没有明显的外伤，但作为全职妈妈的她，焦虑和自责愈发严重。因为她发现，自从星宝摔倒以后，星宝的情绪越来越差，原本已经可以扶着走、独坐的星宝，现在不会走，也不会坐了。妈妈开始整夜整夜地失眠，情绪越来越暴躁。爸爸看着一边总是在哭的星宝，一边焦虑不安的妻子，毅然暂停了工作。经过多方咨询，父亲带着妻子和星宝找到了科室主任刘芸，也就是我的硕士研究生导师。

刘主任了解了孩子的病情变化过程后，心里有了不好的预感。经过检查发现，星宝出现了发育倒退：不仅大运动功能出现了倒退，下肢肌张力也明显增高，出现了交叉步态、剪刀腿；双手的精细功能也出现了倒退，双手握拳，不会主动抓握玩具；而且星宝主动说话也少了，非常容易激惹。

这是很危险的信号，刘主任立即联系了放射科的医生，要求尽快给孩子复查头颅磁共振，同时完善基因检查。很快，检查结果出来了，提示脑损伤范围正在扩大。作为一个从业多年经验丰富的儿童康复科医生，刘主任意识到,星宝可能患有一种退行性、进展性的神经肌肉罕见病,并且病情变化非常快。她告诉父亲,孩子的病情不容乐观,但最终的诊断还需要参考基因检测结果。

听到这,父亲沉默了许久。他反复问主任,他该怎么办?半年前,他还为了星宝在外奔波,他的妻子每天会跟他分享生活的琐事,他们聊天里最多的内容是星宝的现在和未来。而现在,妻子笑容越来越少,星宝和这个家的未来会怎样,他不知道,也不敢想。刘主任在关注星宝的同时,还关注到了这个被乌云笼罩的家庭,她看到了父亲的无助和母亲的焦虑。刘主任告诉父亲,在最终结果出来前,我们要尽量缓和星宝的情绪、缓解她的肌张力,给她一些舒缓性的康复;多拥抱你的妻子,她是一个很负责的妈妈,你们要一起携手度过这段艰难的日子。主任帮忙联系了心理医生,并建议父亲带母亲去进行心理咨询,他自己也可以在咨询中得到支持,毕竟作为一名父亲和丈夫,这个时候总是需要更加坚强。

在焦急的等待中,基因检测结果回来了:球形细胞脑白质营养不良(克拉伯病),这是一种罕见的常染色体隐性遗传的溶酶体贮积病,是由于 β-半乳糖脑苷脂酶(GALC)基因缺陷,导致溶酶体内 GALC 缺乏,神经系统内半乳糖脑苷脂沉积,继发产生鞘氨醇半乳糖苷毒性作用,造成中枢和周围神经广泛的髓鞘脱失、星形胶质细胞增生及大量的多核巨噬细胞(球形细胞)浸润,而引起了一系列的临床表现。

这是一种进展性的致死性疾病,意味着星宝体内已经有大量的半乳糖脑苷脂贮积,会逐渐呈现去大脑强直状态,对外界反应完全消失,最后因感染或球麻痹而死亡。

有没有什么治疗方法呢?导师立即让我和她一起查找资料,却毫无进展,最新的研究报告只提示了干细胞移植和基因疗法对缓解病情可能有帮助,但仍在研究中。导师想,虽然治疗方法尚在研究中,但也许能帮助星宝呢?然而,可惜的是,星宝已经出现了神经系统症状和明显的发育倒退,不满足干细胞移植的条件,并且可能会因为干细胞移植出现更多的移植并发

症,加剧痛苦。而基因疗法甚至还没有进入临床试验阶段,目前我们能做的仅仅是对症治疗。

该怎么跟星宝的父母解释病情呢?这对他们来说无疑是非常沉重的打击。经过慎重的思考,刘主任安排了单独的时间,约了星宝父母再次就诊。但这次来的只有父亲,他说他害怕妻子知道了会崩溃,所以先来了。听闻噩耗,男子汉在主任面前落下了泪水,弯下了脊梁。

刘主任默默陪伴着,也红了眼眶。等到星宝爸爸慢慢平静下来,主任告诉了他克拉伯病的两种治疗方法及利弊。生命从来就不只有一种形式,尊重并接纳生命的异质性,从儿童康复学科的角度出发,我们希望能给星宝舒缓、快乐的康复,缓解星宝的痛苦,在ICF的框架下以家庭为中心,从活动和参与层面促进宝贝的参与活动,可以带星宝去她喜欢的地方,做她喜欢的事。

几天后,星宝爸爸带着星宝和妻子再次来到了诊室,想要跟主任再讨论一下星宝的治疗方案。能看出来,暴风雨后,虽然乌云并没有散开,但父母依然在努力地给星宝带来阳光。

谈话持续了将近1个小时,父亲说他们非常感谢刘主任为星宝做的努力,是主任不仅看到了星宝的问题,还注意到了家庭的状态,帮助他们从黑暗中走出来。因为主任的支持,才让他们能更坚强地接受这样的结果,能遇到这样的医生是他们和星宝的幸运。他们打算听从主任的建议,带星宝去北京、上海,带星宝去看看这个她来不及感受的世界。带她去感受大自然,去游乐园玩……也想去找一找有没有可能的治疗方法。

主任很赞同父母的决定,表示如果需要帮助可以随时联系她。他们离开诊室时,我看到了导师微红的眼眶,也看到了父母眼里再次出现的点点星光。这是我和导师最后一次见到星宝。

次年的春天,我们接到了星宝爸爸的来电,告诉我们星宝已经离开了。他对我们深表感谢,还与我们分享了许多日常的点点滴滴,从星宝的出生到离去。星宝离开前,他们带着星宝去了许多曾经计划的地方,完成了曾经畅想的一家三口未来想要完成的事。星宝离开时并没有经受太多的痛苦。有这样爱着她的父母,我们坚信,星宝在另一个世界也会健康快乐地成长。

这是导师带着我看过的许多门诊故事之一,星宝也只是这些罕见病宝贝中的一个,有些多方辗转才找到了病因,有些甚至还没来得及到医院就诊。我不禁想到,作为一个医生,在面对一个有高危病史,并且存在运动发育落后和肌张力增高的宝贝时,可能想到的第一个诊断是"脑性瘫痪",但我们应该还要注意与类脑瘫疾病进行鉴别诊断;而对于出现病情变化、康复治疗效果不好的孩子,更需要常常反思疾病过程。

"有时去治愈,常常去帮助,总是在安慰",这是长眠于纽约东北部撒拉纳克湖畔的特鲁多医生的墓志铭,也是对"医生"这个角色最好的概括。"治疗"在儿童康复医学科从来不完全意味着治愈某种疾病,更重要的在于减轻孩子的痛苦,甚至是减轻父母的痛苦,帮助家庭重拾信心。尤其对于一些进行性、倒退性的疾病,我们倡导的是在积极寻找治疗方法的同时,开展多学科的管理。但更重要的是帮助宝贝在有限的时间内最大限度地获得生命质量,重视父母的健康状况,帮助和陪伴家庭度过困难时期。

永远六岁的昆明星宝,你好!爱的路上,我们曾经一起携手而行。

把爱分享给其他需要的人

作者：马青青

马青青

单　位	合健脊足健康咨询武汉中心
专　业	康复技术
擅　长	儿童神经疾病康复
从业年限	16 年

守土有责，守土担责，守土尽责，让孩子实现最大程度的康复，是我们每一名康复治疗师不可推卸的责任。

每一个人都渴望幸运之神在自己身上降临。你或许会认为，幸运是不用做出任何努力就可抵达你心之所向。对我来说，与"爱在路上"的相遇，就是"千载一时不可逢之佳会"，它让我收获知识、懂得"有爱"、充满能量、学会坚持、乐于分享。

儿童康复治疗师，背负着家庭的希望，背负着孩子的未来与幸福。康复治疗师自身的康复理念和康复技能，是决定一个孩子最终康复程度的关键。

2015年,一个偶然的机会,我与"爱在路上"儿童康复教育公益平台首次相遇,就因为这次相遇,我的儿童康复之路被添上了浓墨重彩的一笔。

2015年,是我从事儿童康复工作摸爬滚打的第九个年头,虽说有点晚,但现在回头看却又不早不晚刚刚好。我第一次了解到ICF-CY,为我后来成为ICF-CY的推广者和践行者揭开序幕;也是第一次接触到"精神运动康复"这种来自法国宜世学院的康复技术,为我后来成为法国精神运动康复中国区首批种子治疗师埋下伏笔;我第一次知道"MOSAIC智慧康复决策支持系统",就是因为它的存在,让我在后来的儿童康复领域交知探索的路上与"爱在路上"结下了不解之缘。

MOSAIC智慧康复决策支持系统不是传统意义上的一个简简单单的系统,它内容全面,功能强大,尤其是家庭康复处方模块,极具便捷性和前瞻性,刷新了我对整个儿童康复体系的认知,也最终促使我去了解"爱在路上",走近"爱在路上",最终加入"爱在路上"。

分享是奉献的果实,是一种博爱的心境,更是一种思想的高度。自2015年以来,"爱在路上"就成为了我的良师益友。我不仅仅自己关注,还把它推荐给了身边的朋友和同行们。在我们机构,我每周都会组织各部门的康复治疗师们集中学习,有时候学习的内容就来自"爱在路上"的线上课程。大家在平时工作遇到一些康复专业方面的问题,也会去"爱在路上"的线上课程和文章中寻找答案。

"爱在路上"的很多作者都来自康复治疗一线,严格意义上讲,它是属于一线康复治疗师们的平台。它发表的每一篇文章平凡而朴实,既没有太多深奥难懂的康复理论,也没有复杂而枯燥的科学研究,更没有冰冷冷的实验

数据堆砌,每一篇文章都是在讲述康复治疗中的一些具体的问题、原因和解决方法,每一节线上课程都能解决你脑海中的一些困惑,每一个内容都体现出轻描淡写下的厚重。

我曾经担任过大中专院校康复技术专业的外聘讲师,我会跟我授课的每个班的学生去分享"爱在路上"儿童康复教育公益平台。我不仅仅希望他们在学校的时候有优秀的教师传授康复专业知识和技能,还希望他们走出校门,走向社会后,在他们的人生路上依然有持续学习的机会;同时也是想告诉学生们,其实康复治疗师也可以非常优秀。"爱在路上"儿童康复教育公益平台里就有许多优秀的康复治疗师,他们可以激扬文字、指点江山,也可以除人类之病痛,筑健康之完美。

我也会将"爱在路上"分享给身边每一位有康复需求的家长,希望他们能够更多了解儿童康复知识,希望他们在寻求康复的路上坚定方向和信念,主动参与到康复中来,变"局外人"为"局中人",不再迷茫,不再彷徨。

这些年,我把"爱在路上"分享给了许许多多人,从反馈中得知,他们确实因此而受益良多。为什么要和这么多人去分享?我也时常思考,仿佛原因很多,但是我也不知道哪一个是主要的。我只坚信,每一个从我的分享中获益的人,都会有和我同样的做法——把它分享给其他有需要的人。

我必须承认,幸运喜欢照顾勇敢的人。

2019年12月,"'爱在路上'儿童康复全国巡回公益讲座"最后一站在我的家乡——湖北咸宁如期举办,这也是我第一次作为授课嘉宾登上这个兼容并蓄、海纳百川的公益讲台。我人生中的很多第一次,都是从这里开始的。

"爱在路上"厚德载物的精神时刻影响着我,当我在人生的十字路口纠结彷徨时,当我在犹豫是选择暂时的稳定安逸、躺在功劳簿上睡觉,还是选择打破舒适圈、突破局限再闯出一片天地时,是"爱在路上"让我毫不犹豫地选择了后者,让我拥有了向前迈出新的一步的勇气和底气,让我突破束缚,破茧成蝶,用有限的生命、有限的精力,去从事功德无限的康复事业,去帮助更多需要帮助的家庭和孩子。平凡而坚实的脚步在泥泞中留下的脚印,都会变成绚烂的风景,都会化为启明的航灯,照亮那通往星辰大海的征程。

2022年,"爱在路上"儿童康复教育公益平台公益讲座受疫情影响,每月的"一城一讲"停讲至今,但是每周"线上一讲"却从未间断。几年来,那些"爱在路上"儿童康复教育公益平台的召集人、授课专家、志愿者们,一直为成千上万的康复工作者以及有康复需求的家长们指引着方向。他们传授知识,知识的捐赠、时间的捐赠、爱的捐赠、正能量的捐赠,就像一种"软慈善",就像黑夜中的明月,为在黑暗中摸索的人们带来一丝光亮,指明前进的方向。

尾声

并非终曲

这是这本书的尾声，
也是爱在路上走向更远的序曲。
来吧！
一起看一看，
十年间，那些奔跑在路上的身影。
一起听一听，
在更高远的云端，
那些爱的声音。

"爱在路上"十周年回顾

记录人：刘合建

我们是一群热爱儿童康复事业的人，为了共同的理想走到了一起。
我们不忍心看到一些家长因信息闭塞而延误最佳治疗时机，
更不想看到那些病急乱投医的家长误信网络上的虚假信息而误治。
我们想分享更好的康复技术给有需要的人，
我们想引进更前沿的理念与辅具来帮助他们融入社会，
因此，我们搭建起这个儿童康复教育信息交流的平台，
致力于为特殊儿童家庭提供"一站式"的康复服务，
为儿童康复治疗师提供专业的线上交流平台。
传播康复正能量，分享治疗新技术，
让每一个孩子都能在合适的时间得到合理的治疗。

故事开始以前，最初的那个冬天，时间回到 2012 年。在四川大学华西第二医院为期一周的"2012 - CPN 国际儿童康复进展学习班"期间，我们三五好友每天晚上促膝长谈至深夜。谈人生，谈理想，谈国内儿童康复事业的现状，谈对各流派治疗技术的理解，谈对各种案例的治疗手技，谈治疗师未来的职业发展，谈康复机构的运营和管理，谈家长的精神和经济压力……大家相谈甚欢，有人提议，我们何不形成一种长效机制，每月大家定期相约线上交流，每年约一个城市聚会一次。就这样，我们的组织诞生了，在一场头脑风暴后定名为"在路上"。我们都是在为十年后的自己而努力，希望在十年后的我们能成为中国儿童康复的中流砥柱，为儿童康复事业添砖加瓦。

2012年，成都

2013年，我们团队相聚在了美丽的苏州，这时又有了几位志同道合的同行希望加入。我们开始每月线上讨论主题，分享自己的技术、自己的专长。因为我们从事的事业是儿童康复，面向的是特殊儿童与家庭，最需要付出的是爱心；对专业的钻研，最重要的是热爱，我们一致决定在我们的组织前面加上"爱"，"爱在路上"就此定名。

2013年，苏州

2014年，我们通过线上的分享和学习，从儿童的整体发育、头控、翻身、爬行、躯干、骨盆、膝关节、踝足、步态等分别做了专题讲解。教学相长，大家通过准备课件、查阅资料、讲解和课后讨论在业务能力上都得到了提升，很多同仁希望加入我们团队。因此，我们对所有的线上平台重新进行了规划和整合，以儿童康复教育平台的形式，作为一个开放性平台，并设专人打理，平台的架构基本形成。

2015年,这是我们"爱在路上"真正发展的纪元年。由于平台人数激增,

2014年,上海

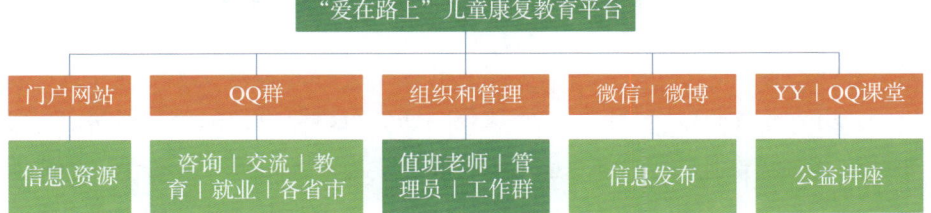

为了更好地对平台进行管理,我们在上海举办了"'爱在路上'第一次工作会议"。在会议的整体部署下,"爱在路上"平台有了长足的发展,实名制会员达3000余人,网站上有各类儿童康复信息和资源分享;康复课堂每周四晚上8:30—9:30在YY或QQ上邀请国内的知名专家或资深治疗师讲课,开展百余次讲课和案例讨论;每天晚上8:30—10:00由2名来自全国各地儿童康复机构的一线康复医生或治疗师、特教老师、心理咨询师等儿童康复一线相关资深专业人员在线回答家长问题;值班老师97名,全国30余省市自治区QQ群群友达2万余名,全国各地的管理员100余名。微信公众号每周推送科普知识、会议通知等信息,关注量20 000多。另外,我们还有微博、微信群和公益书店等。这些工作都是我们工作委员会的志愿者利用业余时间默默去做的。

2015年底,"爱在路上"周年庆典暨首届儿童康复论坛在上海杉达学院

成功举办,由线上走到了线下。论坛包括1个主题讲座和10个分论坛及晚会,有来自全国各地300余位专业人员和家长参加。本次周年庆标志着"爱在路上"儿童康复教育平台发展到了一个新的阶段。

2015年,上海

2016年,我们启动了全国儿童康复巡回公益讲座,每月一讲,每讲一城,进一步增强了专业人员和家长的交流,提升了从业人员的专业能力。目前,爱在路上有来自全国30省市自治区2 000余家儿童康复和教育机构参与,专业人员及家长已达5万余人。已走过了长沙、临沂、邯郸、南通、乌鲁木齐、青岛、玉林、深圳、赣州、镇江、海口……一般都由当地康复学会、残联与爱在路上共同主办,有一定区域影响的康复医院承办,每到一城,都受到了当地及周边省市专业人员的积极响应,每场有200~300名人员参加讲座或义诊活动。12月国际助残日组织的"爱在路上"百城儿童关爱月活动,由26个省市30余家康复机构共同承办,不仅提升了各地儿童康复医生、治疗师和特教老师等专业人员的理论知识和临床技能,更架设起了专业人员和家长间沟通的桥梁。

2017年,"爱在路上"的道路愈加开阔宽

广,我们分别去了临沂、连云港、昆明、西安、上海、南京、巴彦淖尔、乌鲁木齐、苏州、唐山。所有讲座依然秉持纯公益,免注册费,并提供午餐,部分是与承办单位的国家或省级继续学习班共同举办。讲座得以成功举办也得到了当地残联、卫计委、学会、民政等部门的大力支持。线下遍地开花,线上蒸蒸日上。"爱在路上"线上课程共带来184节课程,每周一讲。开展的系列精品课程,点击率均达到10 000多人次。"爱在路上"从最初的QQ以及YY,逐渐演变到微信群、再转变到现在的"爱在路上"康复学院千聊直播。如今,每周四的学习俨然成为了大部分儿童康复工作者的习惯。

全国巡回讲座

2018年,随着"爱在路上"的发展,我们深切感受到平台越大责任就越大。儿童康复全国巡回讲座到达上海、济南、重庆、济宁、赣州、南通、蚌埠、黄冈、枣庄等城市。8月,我们联合宁夏儿童康复协会主办,由银川市宏康园儿童康复中心承办"爱在路上"西部康复公益行——宁夏站的讲座,为陕甘宁等边远地区的康复人员、家长和特殊儿童提供专业学习与义诊。在线上课程方面,转变为就某一专题或技术以系列课的形式进行讲解。微信公众号每周发布的文章,平均每月的阅读人次在5万以上,同时开通了康复治疗师原创文章专栏。

在这一年,正式对外发布了沙画:爱在路上,让爱蔓延。同时总结了上一年公众号用户大数据、"爱在路上"大事记、公众号最受欢迎文章TOP10、最受欢迎的线上课程TOP10、历年线上课程精品课件分享、爱在路上康复学院2018春节特辑(视频)等。

——说出你的故事

2018年,成都

2019年,"爱在路上"儿童康复全国巡回公益讲座得到了中国康复医学会的认可,我们组织的公益活动根据总会"党建强会"的指示申请"康复服务行","爱在路上"作为协办单位,由各省市康复机构为承办线下公益讲座及义诊,在运城、抚州、临沂、九江、衡阳、深圳、日照、成都等地成功举办。7月,我们组团参加了2019康复国际亚太区会议,本次会议有来自亚太地区30多个国家1500多位康复国际组织会员及地区人士参与,来自世界各地超过250多位专家、学者等云集一起交流参加。

同年,由北京科技出版社引进儿童康复"红宝书"Campbell's Physical Therapy for Children(《坎贝尔儿童物理治疗》),并授权我们平台与上海杉达学院

2019年,北京

共同翻译。此书由魏国荣教授主译，多位"爱在路上"的召集人参与翻译工作。

2020年，一场突如其来的新冠肺炎疫情席卷全国，每月一城的巡回讲座被迫停摆。全国很多儿童康复机构都已停诊，造成各地很多孩子康复暂停。为减轻长时间康复中断对孩子的不利影响，"爱在路上"组织全国多家医院和康复中心，安排运动、作业、感觉统合、语言、教育等项目的治疗骨干，为每个有需求的孩子制定针对性的居家康复方案。"爱在路上"康复学院在日常系列课期间，策划了一期罕见病系列课，通过系列课程对提升儿童康复医生、治疗师的诊疗水平及家庭照护质量产生积极的影响。

同年12月3日"世界残疾人日"，疫情相对稳定，我们走进四川省绵阳市，成功举办了"'爱在路上'西部公益行暨第四届'123一起爱'共同关爱特殊儿童公益活动"。通过活动，争取社会爱心人士对特殊儿童群体的关注和关爱，给特殊儿童家庭心理、技术、政策支持，让特殊儿童家庭不再无助。

2020年，绵阳

2021年，疫情防控期间，线上平台的课程尤为重要。"爱在路上"开展了"好书精读"的系列课程，邀请专业康复书籍的主译、主编、译者、编委、读者分别从各自角度来切入解读。主推了3本最新出版的译制书，分别是《帮孩子超越极限——ABM神经运动疗法》（英译）、《姿势动作步态分析》（日译）、《神经发育性障碍儿童和青少年：康复效果与生活质量》（英译），起到了很好的学术引领作用。因自闭症谱系障碍的发病率逐年增加，且目前病因和发病机制难以明确,导致其康复治疗的难度增加。为此我们组织了国内长期在一线康复诊疗的人员,从其社交、行为、感觉信息处理、语言沟通及共患病等内容组织了一期专题课,与广大一线治疗师、特教老师和家长分享与交流。

2022年,由于持续受疫情的影响,线下讲座、工作坊与义诊基本停摆,"爱在路上"康复学院千聊直播的线上平台成了"主战场"。新年伊始,我们组织了一期"脊柱侧弯"的系列课,邀请了国内各大医院的专家从筛查、评估、康复、矫形、手术等方面分别从各自角度来做分享。"爱在路上"康复学院的学员已超2万人,访问量5万余人次,课程300余节。

2012~2022年,"爱在路上"从诞生到成长,这十年,也是中国儿童康复事业快速发展的十年,时代的洪流促使我们将青春无悔地投入这份充满爱意的事业中。

十年前,儿童康复还处于相对落后的状态。很多患儿离乡背井四处求医,大多数的特殊儿童家长面临着极大的精神、经济和社会压力等情况。很多单位尚未掌握和应用PT技术、OT技术、ST技术,半数以上的机构尚未掌握和应用心理治疗技术,不能制作矫形器和辅助器具,也不能开展其他康复治疗项目。现在,康复新技术、虚拟现实、ICF、人工智能、全纳教育、CME等新理念、新技术,在康复领域得到全面推广和应用。

十年前,人们以追求提高运动能力为主的单一目标,现在提倡PT、OT、ST、足踝、辅具、中医、教育等全面康复;十年前,康复人才短缺,现在要为康复专业学生富余而担忧就业前景；十年前，家长找不到地方康复，现在需要为选择哪一家更适合的机构而费神；十年前，康复专业人员找不到学习的机会，现在要在每周内容丰富的线上线下培训课之间犯"选择困难症"；十年前，康复器材匮乏需自制，现在国内几乎能看到国际上所有的尖端设备。

当然，儿童康复从"野蛮生长"发展到相对规范的阶段，未来还有很长的路要走。我们仍然看到部分机构存在盲目治疗、痛苦治疗、过度治疗的情况。比如为了提升工作量，给孩子做一些明知作用不大但有经济效益的治疗项目；光给孩子做治疗而不评估、不详细分析问题，"流水线"作业；不主动学习，被动操作而延误孩子的治疗时机等。

"爱在路上"一路走来，得到了很多业内专家的无私支持，更有许许多多的一线康复从业人员在幕后默默付出。我们倡导康复人员恪守职业操守和良知，把传播康复正能量、分享治疗新技术当作人生的一场修行，找到内心的平和与安宁，从而得到人生至高的快乐与幸福。这本书，记录了这些年"爱在路上"发生的故事，这是由一线治疗师、康复医生、特教老师、心理咨询师和行业资深专家，以及患儿、家长和志愿者共同组成的大家庭的苦与乐。

感谢陈文华、Tremolada Celestina（杜乐梅）、魏国荣等前辈对我们一路以来的支持，感谢这条漫漫长路的召集人：刘合建、张树新、王晓东、孙丽佳、彭光阳、吴志义、王臣、王国红、顾秋燕、陈世动、鲍捷、Kurbanov Bobirbek，感谢风雨同舟的志愿者：王国红、程敬秋、刘会梁、温智慧、刘晶、滕凤友、王倩、朱澄灿、史振华、许军、吴双桂、董明程、郭阳阳、张永根、陈秋屹、盏相臣、景东东、张存、陈信宇、李明、任成、张万强，感谢张冬梅、崔鹏程、钟杰锋、金容、黄正华、王泽宇、林涵等曾经一起奋斗过的伙伴……我们凝聚在一起，上下求索以晓道法之妙；朝夕不倦以全成长之道，未来的路还有很长，有风有雨，那又如何？

这条路，只要爱在，路会延续，我们愿与你结伴而行！

2022 年 5 月

"爱在路上"主题曲

词:刘合建　曲:吴宁越　演唱:布衣乐队

为了共同的理想,我们相聚在爱的路上。
再苦再难也要坚持,只为所有期待眼神。
用我们最勇敢的心和最勤劳的双手,
跨越孩子成长的阻碍,回到家庭的怀抱,
我们的爱在路上,陪伴孩子成长。
让孩子拥有芬芳的未来。
我们一起来面对。
爱给了我们力量,
哪怕前方的路有多悲伤,
都将携手向前。
再苦再难也要继续,只为孩子希望的明天。
成长的路上虽有风雨,也绝不放弃。
用我们最真诚的心和最朴实的双手,
抹去孩子成长的烦恼,拥有灿烂的微笑。
我们的爱在路上,陪伴孩子成长。
让孩子拥有芬芳的未来。
我们一起来面对。
爱给了我们力量,
哪怕前方的路有多悲伤,
都将携手向前。